Lusitania

Willi Jasper

Lusitania

Kulturgeschichte einer Katastrophe

be.bra verlag

Mehr Informationen im Internet

Bibliografische Information der Deutschen Nationalbibliothek
Die Deutsche Nationalbibliothek verzeichnet diese Publikation in der Deutschen Nationalbibliografie; detaillierte bibliografische Daten sind im Internet über http://dnb.d-nb.de abrufbar.

KulturBrauerei Haus 2
Schönhauser Allee 37, 10435 Berlin
post@bebraverlag.de
Lektorat: Robert Zagolla, Berlin
Umschlag: Fernkopie, Berlin (Foto: mauritius images)
Satz: typegerecht, Berlin
Schrift: Dante 11/14 pt
Druck und Bindung: GGP Media GmbH, Pößneck
ISBN 978-3-89809-112-1

www.bebraverlag.de

Inhalt

Der Old Head of Kinsale mit seinem markanten Leuchtturm.

Einleitung

Der Anblick des schroff in den Atlantik hineinragenden Felsens Old Head of Kinsale an der Südwestküste Irlands ist faszinierend. Die archaische Landschaft mit ihren Ruinen und dem weithin sichtbaren Leuchtturm als Wahrzeichen weckt Erinnerungen an die keltische Geschichte und ihre maritimen Mythen. Man glaubt aus dem Meeresrauschen und den Sphärenklängen des Windes uralte Gesänge herauszuhören. Selbst der mondäne amerikanische Golfclub, der hier seit einigen Jahren residiert, hat diese geheimnisvolle Atmosphäre nicht zerstören können. Seit über 2 000 Jahren ist der Old Head of Kinsale vor allem eine Aussichtsplattform für Küstenwachen und Landmarke für Seefahrer. Die Spitze der felsigen Halbinsel war vermutlich schon in vorchristlicher Zeit Standort eines Leuchtfeuers. Im 17. Jahrhundert übernahm ein einfaches Cottage mit offenem Kohlenfeuer auf dem Dach die Signalfunktion – und seit 1853 der elektrisch betriebene Leuchtturm mit seiner Feuerhöhe von 72 Metern. Doch nicht immer war dieser romantische Ort ein friedlicher und sicherer Wegweiser – er erinnert auch an furchtbare Schiffskatastrophen.

So fielen im September 1588 Tausende von spanischen Seesoldaten der Schlacht um England zum Opfer. Vor den Küsten Irlands und Schottlands verlor die spanische Armada fast die Hälfte ihrer Schiffe. Seeleute und Soldaten ertranken unter Deck oder kenterten mit ihren Landungsbooten. Andere sprangen über Bord und tauchten nie wieder auf. Im tobenden Meer klammerten sich Verzweifelte an Fässer und Balken. Aufgewirbeltes Treibgut zerschlug ihnen die Glieder und manchem Kapitän, Offizier oder katholischem Würdenträger wurde das Gewicht der am Leib getragenen Goldketten und Geldbeutel zum Verhängnis. Es waren weniger die englischen Kanonen, vielmehr ein gewaltiger Sturm mit turmhohen Wellen, der die schwerfälligen spanischen Dreimaster versenkte und Wracktrümmer und Leichen von der Bantry Bay bis zum Old Head of Kinsale spülte. Am Ufer hatten sich Einheimische und Soldaten der englischen Königin, die auch über Irland herrschte, versammelt. Einige tanzten vor Freude über den Untergang der Spanier, andere verfluchten die protestantische Macht.

In besonderem Maße aber sind die modernen Tragödien der beiden britischen Riesendampfer »Titanic« und »Lusitania« im historischen Bewusstsein der Menschen dieser Küstenregion verwurzelt. Für beide Schiffe sollte der Leuchtturm zu einem trügerischen Fanal werden – der Aufbruchshoffnung ebenso wie der Ankunftsfreude. Nicht nur Friedhöfe, Museen und Denkmäler erinnern an diese Schiffslegenden, sondern auch Touristenshops, Pubs, Restaurants und Hotels. Das Zentrum des Erinnerungskultes bildet die Hafenstadt Cobh (früher Queenstown) mit ihrem Museum zur Geschichte der irischen Diaspora (»Cobh Heritage Centre«), einem organisierten »Titanic-Trail«, dem monumentalen Ehrenmal für die Opfer der »Lusitania«-Katastrophe sowie mit den markierten Grabstätten auf dem »Clonmel Cemetery«.

Cobh war die letzte Station der »Titanic« vor ihrer schicksalhaften Atlantiküberquerung und wurde auch zum Friedhof für die Opfer der »Lusitania«. Von hier aus hat in den beiden letzten Jahrhunderten fast die Hälfte der insgesamt sechs Millionen irischen Emigranten ihre Heimat verlassen. Auch die »Titanic« hatte als Passagiere der dritten Klasse eine größere Gruppe von Auswanderern aufgenommen. Als das Schiff dann am 11. April 1912 den Leuchtturm von Old Head of Kinsale passierte, winkte man zum Abschied, ohne zu ahnen, dass nie wieder Land in Sicht kommen würde. Die »Titanic« sollte ihren Zielhafen New York nicht erreichen. Nach der Kollision mit einem Eisberg in der Nacht vom 14. zum 15. April versank das für »unsinkbar« erklärte Technik-Wunder nicht nur im fast 4000 Meter tiefen, eiskalten Wasser vor Neufundland, sondern auch im kollektiven Unterbewusstsein der Zeitgenossen. Von den 2207 Menschen, die an Bord waren, überlebten nur 712.

Anders als frühere Schiffskatastrophen, die kaum zur Mythenbildung taugten, wurde die »Titanic«-Tragödie zur modernen Menschheitsfabel. Auch Deutschland, Englands Hauptkonkurrent auf der Transatlantik-Route, zeigte sich betroffen. »Das größte Schiffsunglück der Welt trifft die ganze Menschheit«, schrieb das *Hamburger Fremdenblatt* – hoffte aber dennoch, dass die Menschheit sich »in ihrem prometheischen Drange durch keine Schicksalsschläge« vom »Glauben an den Fortschritt« und die »Bezwingung der Naturkräfte« zurückhalten lassen würde.

Drei Jahre später ereignete sich nur elf Seemeilen vor dem Old Head of Kinsale eine ähnlich bewegende Katastrophe. Sie traf den Passagierdampfer »Lusitania«, der sich auf der Fahrt von New York nach Liverpool befand. Auch er fuhr unter britischer Flagge und war – was Größe, Technik und Ausstattung betraf – mit der »Titanic« vergleichbar. Doch Vorgeschichte und Umstände des Untergangs der »Lusitania« waren andere und die Konsequenzen folgenreicher. 1915 befand sich die Welt im zweiten Kriegsjahr. Es ging längst nicht mehr nur um einen friedlichen technischen Wettbewerb zur »Bezwingung der Naturkräfte«, sondern um eine mörderische Konkurrenz sowohl in der Waffenproduktion als auch in der Effizienzsteigerung bei der Massenvernichtung von Menschen. Für die Durchbrechung der englischen Seeblockade waren die deutschen U-Boote zur wichtigsten und unheimlichsten Waffe des Reichsmarinechefs Alfred von Tirpitz geworden. Mit der Praktizierung des unbeschränkten U-Boot-Krieges wurden auch zivile Schiffe bedroht.

So kam es gegen Mittag des 7. Mai 1915 vor der irischen Küste zu jener schicksalsschweren Begegnung zwischen der »U-20« und der »Lusitania«. Ohne Vorwarnung gab der deutsche U-Boot-

Kapitän den Feuerbefehl. Der Torpedo traf das Passagierschiff steuerbords, knapp hinter der Brücke, zwischen dem ersten und zweiten Schornstein. Wenig später ereignete sich eine zweite Explosion im Innern des Schiffs, der Ozeanriese geriet sofort in eine Schräglage und sank binnen 18 Minuten. Zum Vergleich: Die »Titanic« brauchte fast drei Stunden für ihren Untergang. Zum geordneten Herunterlassen der Rettungsboote blieb auf der sinkenden »Lusitania« kaum Zeit, eine unvorstellbare Panik brach aus. Während im chaotischen Gedränge einige Rettungsboote umstürzten und Menschen unter sich begruben, sprangen andere Passagiere ohne Schwimmwesten ins kalte Wasser. Der überlebende amerikanische Geschäftsmann Michael G. Byrne berichtete: »Ich wartete, bis das Wasser in gleicher Höhe mit dem Hauptdeck war, und sprang dann über Bord. Im Wasser war der Anblick von Frauen mit Kindern und Babys in ihren Armen fürchterlich. Die Luft war von Schreien erfüllt, und Mütter flehten Personen in den Booten an, ihre Babys zu übernehmen.« 1 198 Menschen, darunter 270 Frauen und Kleinkinder, versanken mit dem Schiff. Unter den Toten waren auch 128 amerikanische Staatsbürger.

Während die Menschen zu Tode stürzten, ertranken und die See sich langsam mit Leichen und Leichenteilen füllte, betrachtete der deutsche U-Boot-Kapitän die Szene durch sein Periskop. Als er genug gesehen hatte, ließ er abtauchen. Ein derartiges Geschehen, die kaltblütige Torpedierung eines großen Passagierdampfers ohne Vorwarnung, hatte es in diesem Krieg noch nicht gegeben. Dass der versenkte britische Dampfer den antiken Namen einer hispanischen Provinz trug, der an die Seeschlacht von 1588 erinnerte, ist in diesem Zusammenhang nicht ohne makabre historische Symbolik.

In Deutschland, wo man sich über den Untergang der »Titanic« noch schockiert gezeigt hatte, brach jetzt überwiegend Jubel aus. Kronprinz Wilhelm telegrafierte aus seinem Hauptquartier an den kaiserlichen Vater: »Hier große Freude über die Torpedie-

Denkmal in Cobh zu Erinnerung an die Opfer der »Lusitania«-Katastrophe.

rung der *Lusitania* … Je rücksichtsloser der U-Boot-Krieg geführt wird, desto schneller wird der Krieg beendet sein.« Auch viele deutsche Zeitungen brachten triumphierende Kommentare, so zum Beispiel die *Westfälische Tageszeitung*: »Endlich ist unseren U-Booten ein großer Fang gelungen … Wir Deutschen freuen uns von ganzem Herzen über den gelungenen Schlag und sehen dem allgemeinen Wutgeheul und Entrüstungsschrei kühl lächelnd entgegen … Keine Sentimentalität; Kampf bis aufs Messer mit dem gemeinen Krämervolk …!« Selbst Thomas Mann schloss sich dem schaurigen Jubel über den Untergang der »Lusitania« an.

Demgegenüber wurde die Nachricht von der Versenkung der »Lusitania« von der Presse in Großbritannien, den USA und in anderen Krieg führenden oder neutralen Ländern mit Fassungslosigkeit aufgenommen. In den unterschiedlichsten politischen Lagern herrschte nicht nur maßlose Empörung über das ungeheure menschliche Ausmaß der Katastrophe, sondern man zeigte sich vor allem entsetzt über das Ende des bisher praktizierten Unterschieds zwischen Kombattanten und Zivilisten. Beispielhaft fasste der Präsident der Universität von Virginia die amerikanischen Empfindungen zusammen: »Es gab ein betäubtes Erstaunen darüber, dass eine derartig demonstrative Rohheit und Grausamkeit das Vorgehen einer großen Nation prägen kann.« Titelseiten von Zeitschriften brachten Zeichnungen, auf denen die ertrunkenen Kinder als anklagende Geister den deutschen Kaiser verfolgen. Die aufgestauten Emotionen entluden sich im gesamten angelsächsischen Bereich in deutschfeindlichen Ausschreitungen.

Vor dem Untergang der »Lusitania« hatte es keine organisierte politische Kraft in den Vereinigten Staaten gegeben, die eine Teilnahme am Krieg befürwortete. Der Tod der 128 Amerikaner verschob die politischen Gewichte nun dramatisch. In den Augen der schlagartig wachsenden Gruppe der Militanten war der Konflikt zwischen amerikanischer Demokratie und deutscher Autokratie nun unausweichlich geworden.

Der Untergang der »Lusitania« beschäftigt die Öffentlichkeit wie die Wissenschaftler seit nunmehr 100 Jahren. Aber wichtige Fragen sind immer noch nicht beantwortet worden. Bezeichnenderweise haben sich bisher nur angelsächsische Autoren mit der Thematik befasst. Ihnen ging es fast ausschließlich um die Be- oder Widerlegung von Verschwörungstheorien, so vor allem um die Rolle Churchills in der britischen Admiralität. Man warf ihm vor, er habe den Untergang des Schiffes absichtlich inszeniert, um die Amerikaner gegen Deutschland aufzubringen. Mit großem technischen und publizistischen Aufwand wurden Taucherexpeditionen organisiert, um im Wrack der »Lusitania« nach belastenden Munitionskisten und anderen Spuren von Verstößen gegen das Kriegsrecht zu suchen. Aber bis heute dreht sich diese Debatte im Kreis. Eine umfassende Aufarbeitung der Kulturgeschichte dieser Katastrophe (zumal aus deutscher Sicht) fehlt immer noch, obwohl der Untergang der »Lusitania« mehr als andere Ereignisse eine symbolhafte und konkrete Bedeutung für die Wende im Krieg hatte. Es ging nicht nur um die militärische Erweiterung der Kriegsparteien, Konfliktbereiche und Schlachtfelder, sondern vor allem um eine neue ideologische, moralische und religiöse Dimension des Kampfes »deutscher Kultur« gegen »westliche Zivilisation«. Die Radikalisierung einer verhängnisvollen Kulturmission und Bildungsreligion setzte sich fort und sollte eskalieren. Betrachtet man den Ersten Weltkrieg mit dem amerikanischen Diplomaten und Historiker George F. Kennan als »Urkatastrophe des 20. Jahrhunderts«, dann könnte man die folgenreiche Versenkung der »Lusitania« als »Urkatastrophe« beider Weltkriege ansehen – als Beginn der »Entgrenzung« totalitärer Gewalt.

Bericht an Noah

Reeder und Admirale

Schon Planung und Bau der »Lusitania« gehören zur (Kultur-) Geschichte des militanten Wettstreits der Großmächte. England, seit Ende des 17. Jahrhunderts die führende Seemacht, sah sich um die Wende zum 20. Jahrhundert einer wachsenden Konkurrenz aufstrebender Staaten wie des Deutschen Reichs und der USA ausgesetzt. Neben den Aktivitäten der »Hamburg-Amerika-Linie« (HAPAG) und des »Norddeutschen Lloyd« war es der Monopolisierungsdrang des amerikanischen Bankiers John Pierpont Morgan (so durch dessen Übernahme der »White Star Line« im Jahr 1902), der die englische Vorherrschaft im internationalen Reeder-Geschäft in Frage stellte. Bedroht sah sich vor allem die Cunard-Linie. Sie war 1840 von dem kanadischen Kaufmann Samuel Cunard zusammen mit einigen kapitalkräftigen Partnern in Southampton als »British and North American Royal Mail Steam Packet Company« gegründet worden. Mit ihren ersten Schiffen »Britannia«, »Acadia«, »Caledonia« und »Columbia« beförderte sie nicht nur die englisch-amerikanische Überseepost, sondern operierte bald als weltweites Unternehmen der Passagier- und Frachtschifffahrt. 1877 wurde die Reederei in eine Aktiengesellschaft umgewandelt und nannte sich fortan »Cunard Steamship Company Ltd«. Mit diesem Namen verband sich nicht zuletzt ein guter Ruf in Auswandererkreisen. Durch ihren Beitrag zur Entwicklung der Dampfschifffahrt hatte die Cunard-Linie auch erheblichen Anteil an der Verbesserung des Loses der Auswanderer.

Die große Auswanderungswelle von Irland nach Amerika um die Mitte des 19. Jahrhunderts war noch unter katastrophalen

Bedingungen erfolgt. Hunderttausende wurden von einer durch Misswirtschaft und Willkür der Großgrundbesitzer verursachten Hungersnot zur Emigration gezwungen. Für die Überfahrt mussten sie sich nicht selten sogenannten »schwimmenden Särgen« anvertrauen: Es gab genügend skrupellose Schiffseigner, die die Not der armen Menschen ausnutzten, indem sie kaum seetüchtige, hölzerne Windjammer für ihr Auswanderungsgeschäft einsetzten. Die »Passagiere« wurden wie Vieh in enge Zwischendecks gepfercht und mussten je nach Wetterlage eine qualvolle Reisedauer von 40 bis 80 Tagen erdulden. Allein zwischen 1847 und 1853 gingen auf der Überfahrt von Irland/England nach Amerika 60 Auswandererschiffe unter. Selbst wenn die morschen Schiffe ihr Ziel erreichten, bestand für die Auswanderer die Gefahr, aufgrund der elenden hygienischen Bedingungen und der schlechten Ernährung an Typhus, Cholera oder Ruhr zu erkranken.

Der technische Fortschritt, den die eisernen Dampfschiffe bedeuteten, begünstigte natürlich die Auswanderungsmöglichkeiten erheblich. Man war jetzt relativ unabhängig von Wind und schlechter Witterung und fand an Bord auch menschenwürdigere Unterbringung. So konnte Cunards erster Eisendampfer »Persia«, der mit einer Durchschnittsgeschwindigkeit von 13,41 Knoten im April 1856 das »Blaue Band« – die Auszeichnung für die schnellste Überquerung des Atlantiks – eroberte, »bei einer Ladungsfähigkeit von 3 600 Tonnen«, so ein begeisterter Bericht des »Polytechnischen Journals«, »sehr bequeme Räumlichkeiten für 260 Cajütenpassagiere« anbieten. Beeindruckend erschien dem Journal vor allem die Zuverlässigkeit des noch mit Schaufelrädern ausgestatteten Dampfers. Die »Persia« bestärke den guten Ruf der Cunard-Linie, »deren Schiffe die Reise zwischen Liverpool und New York in einem Zeitraum von beiläufig zehn Tagen mit solcher Pünktlichkeit zurücklegen, dass, sollte eins von ihnen nur eine Stunde über die festgesetzte Zeit ausbleiben, dies alsbald Unruhe in der Handelswelt von London,

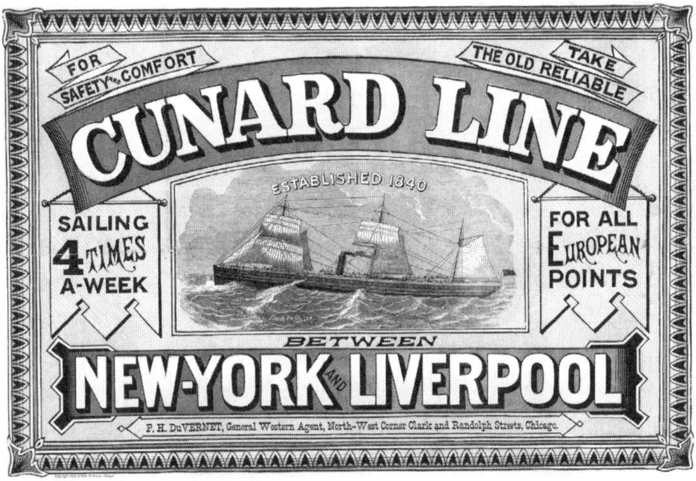

Traditionell dominierten britische Reedereien den transatlantischen Personenverkehr. Plakat der Cunard-Linie aus dem Jahr 1875.

Liverpool, Manchester etc. erzeugen würde. Sie ist das größte Dampfschiff, welches bis jetzt einen See befahren hat, und unter Schiffen dieser Compagnie das erste aus Eisen gebaut, da die britische Regierung in Berücksichtigung, dass diese Schiffe möglicherweise zu Kriegszwecken verwendet werden könnten, früher nicht gestattete solche Schiffe aus Eisen herzustellen – eine Ansicht, die allmählich aufgegeben worden ist.«

Bis zum Ende des 19. Jahrhunderts konnte die Dauer einer Atlantik-Überquerung auf sechs bis sieben Tage heruntergedrückt werden. An diesen Geschwindigkeitsrekorden waren die Cunard-Schiffe maßgeblich beteiligt, so auch die »Lucania«, die 1894 das »Blaue Band« erhielt. Als diese begehrte Trophäe dann ausgerechnet 1897, im Jubiläumsjahr der Krönung von Königin Victoria, an den deutschen Lloyd-Dampfer »Kaiser Wilhelm der Große« fiel (der sie 1900 an die »Deutschland« der HAPAG weitergab), traf das den britischen Stolz schwer. Daher bat der Cunard-Präsident Lord Inverclyde die Regierung um effektivere finanzielle Unterstützung. Auch die Admiralität der Royal Navy befürwortete das Ersuchen, da sie sich vom Bau neuer Schnelldampfer selbst Nutzen versprach. Am 13. August 1903 beschloss das Unterhaus, für den Bau zwei moderner Schiffe einen Kredit in Höhe von 2,6 Millionen Pfund Sterling mit einem niedrigen Zinssatz für eine 20-jährige Laufzeit zu gewähren. Gleichzeitig sicherte sich die Admiralität in einem geheimen Zusatzabkommen mit Cunard ihre militärischen Interessen. Darin ging es in erster Linie um Auflagen zum Schutz der Maschinen und die Gewährleistung einer Requirierung der Schiffe im Kriegsfall. Um einen möglichen feindlichen Granatenbeschuss zu erschweren, sollten alle wichtigen technischen Anlagen vollständig unterhalb der Wasserlinie angeordnet und zusätzlich durch vorgelagerte Kohlenbunker geschützt werden.

Mit den zentralen Entwürfen wurde der Schiffsbauingenieur Leonard Peskett beauftragt – den Bau der »Lusitania« übernahm die Werft »John Brown & Co« im schottischen Clydebank, das Schwesterschiff »Mauretania« entstand bei »Swan Hunter & Co« im nordenglischen Newcastle upon Tyne. Die beiden neuen Cunard-Schiffe sollten selbstverständlich die größten, schnellsten und luxuriösten Schiffe der Welt werden. Erstmals wagten die Konstrukteure den Einsatz der neuen Dampfturbinen-Technologie und eine Anordnung von vier Schrauben bei Schiffen dieser Größenordnung. Die technische Ausstattung und die Maße beider Schiffe waren nahezu identisch.

Die »Lusitania« lief am 7. Juni 1906, fünf Monate vor ihrer »Schwester«, vom Stapel. Sie bot 2 000 Passagieren und 850 Besatzungsmitgliedern Platz und war zu diesem Zeitpunkt tatsächlich das größte Schiff der Welt. Die »Lusitania« erreichte eine Länge von 240 und eine Breite von 27 Metern, ein Volumen von knapp 32 000 Bruttoregistertonnen (BRT) sowie eine Maschinenleistung von 76 000 PS. Die Turbinen erhielten ihre Energie aus insgesamt 25 Kesseln, die pro Tag etwa 1 000 Tonnen Kohle benötigten und pro Minute mit 250 000 Litern Wasser gekühlt wer-

Bei ihrer Jungfernfahrt im Herbst 1907 war die »Lusitania« das größte Passagierschiff der Welt. Auf 240 Meter Länge bot sie 2 000 Passagieren Platz.

den mussten. Da der Reederei die Geschwindigkeit das Wichtigste war, verlangte sie von der Werft die Garantie eines Limits von 24,5 Knoten. Bei Unterschreitung dieser Leistung sollte jeder verfehlte Zehntelknoten mit einer Konventionalstrafe von 10 000 Pfund Sterling belegt werden. Die geforderte Geschwindigkeit wurde schon bei der ersten Probefahrt in der Irischen See mit 26,4 Knoten übertroffen, doch dabei stellte sich ein Konstruktionsmangel heraus: Das Heck des Schiffes begann bei hoher Geschwindigkeit so heftig zu vibrieren, dass Stahlplatten und Träger in einem Bereich der Zweite-Klasse-Kabinen kräftig durchgeschüttelt wurden.

Innerhalb eines Monats gelang es den Ingenieuren Rumpf und Aufbauten der »Lusitania« in diesem kritischen Bereich mit neuen Verstrebungen so zu verstärken, dass schließlich insgesamt vier Millionen Nieten das Schiff erschütterungsfrei zusammenhielten. Bei der »Titanic« waren es einige Jahre später »nur« drei Millionen.

Auch im Hinblick auf Geschwindigkeit und Manövrierfähigkeit lag die »Lusitania« vorn. Ihr Wendekreis umfasste nur 870 Meter, während die »Titanic« 1 175 Meter benötigen sollte. Besonders angetan waren Fachleute von der Möglichkeit, das Unterschiff per elektrischem Knopfdruck durch Quer- *und* Längsschotten wasserdicht abzuschließen. Dadurch sei die »Lusitania«, wie die *New York Times* schrieb, »so unsinkbar, wie ein Schiff nur sein kann«. Das hatte man auch von der »Titanic« behauptet. Robert D. Ballard, der Entdecker des »Titanic«-Wracks, glaubt jedoch, dass die »Lusitania« stabiler als die »Titanic« gewesen sei und eine vergleichbare Eisbergkollision überstanden hätte.

Für die Innenausstattung der beiden Cunard-Schwesterschiffe waren zwei verschiedene Innenarchitekten zuständig – der Schotte David Millar für die »Lusitania« und der auch als Gartendesigner bekannte Harald A. Peto für die »Mauretania«. Beide waren bemüht, das Beste an Materialien, Entwürfen und Handwerkskunst zu liefern, was ihre Zeit zu bieten hatte. Für die Dekoration der Gesellschaftsräume der Ersten und Zweiten Klasse wurden unter anderem afrikanisches Mahagoni, französische Walnuss, österreichische Eiche und spanische Platane verarbeitet.

Während Peto bei der »Mauretania« mit dunklen Holzfarben eine eher konservativ-britische Tradition betonte, orientierte sich Millar auf der »Lusitania« mit vielen weißen Elementen am italienischen und französischen Stil. So erinnerte der weiß-goldene Speiseaal der Ersten Klasse mit seiner hohen stuckverzierten Kuppel unverkennbar an das Versailler »Petit Trianon« Ludwigs XIV. Auch die anderen öffentlichen Räume auf dem Deck der Ersten Klasse waren mit riesigen zylindrisch gewölbten und kunstvoll verzierten Buntglasdächern ausgestattet, durch die wunderbar farbiges Licht einfiel. Das Verandacafé mit seinen Pflanzen und Palmenkübeln glich einem eleganten südlichen Straßencafé – und das Foyer, der Rauchsalon, die Lounge (mit Musikdarbietungen) und vor allem die beiden mondänen »Royal

Die Innenausstattung der »Lusitania« konnte mit jedem Luxushotel konkurrieren. Zeitgenössische Darstellung des Speisesaals der Ersten Klasse.

Suites«, zu denen neben zwei Schlafzimmern, Bad und separater Toilette noch ein eigenes Esszimmer sowie ein privater Salon gehörten, konnten mit jedem Luxushotel konkurrieren. Das hatte natürlich seinen Preis: Für eine einfache Passage in der »königlichen« Suite verlangte Cunard 4 000 Dollar, das war damals mehr als das Hundertfache eines durchschnittlichen Arbeiterlohns.

Auch die Zweite Klasse im hinteren Teil des Schiffes gab sich mit ihrem ebenfalls kuppelgekrönten Speisesaal, einem Rauchsalon sowie einem Leseraum »für Damen« einen überaus glanzvollen Anstrich. Selbst die Dritte Klasse im vorderen Schiffsteil verfügte über separate öffentliche Aufenthaltsräume, auch wenn die 4- bis 6-Bett-Kabinen gegenüber dem First-Class-Luxus relativ spartanisch erscheinen mochten. Im Vergleich zu den unhygienischen Massenunterkünften in den Zwischendecks älterer Schiffe, bedeuteten aber auch sie zweifellos eine erhebliche Verbesserung des Komforts. In den riesigen Kombüsen des Schiffes – mit ihren zusätzlichen Teeküchen, Bäckereien, Speisekammern und Kühlräumen – wurden täglich bis zu 10 000 Mahlzeiten zubereitet. Die Menü-Angebote in der Ersten und Zweiten Klasse unterschieden sich durch die Raffinesse der Zubereitung, aber kaum durch Qualität – und auch für die Dritte Klasse wurde nahrhafte Kost garantiert. Die medizinische Betreuung an Bord der »Lusitania« war für alle Passagiere kostenlos. Es gab ein Schiffslazarett mit vier Abteilungen und sogar eine Isolierstation für ansteckende Krankheiten. Auswanderinnen, die ein Kind erwarteten, planten ihren Ausreisetermin oft so, dass sie mit einer ärztlichen Geburtshilfe an Bord der »Lusitania« rechnen konnten. Diese ungewöhnliche Verbindung von Luxus und Solidargemeinschaft veranlasste den US-Senator George Sutherland anlässlich der Jungfernfahrt im Jahr 1907 zu dem Lob: »Die ›Lusitania‹ ist schöner als Salomons Tempel und groß genug, all seine Frauen und Schwiegermütter zu beherbergen.«

Als das bewunderte Schiff am Abend des 7. September 1907 zur ersten großen Fahrt aufbrach, hatten sich im Hafen von Liverpool Tausende von jubelnden Menschen und eine große Zahl von Presseleuten zum Abschied versammelt. Sie alle hofften auf die Rückeroberung des »Blauen Bandes« schon bei der Jungfernfahrt. Doch unerwartet schlechte Wetterbedingungen verhinderten eine Entthronung der »Deutschland«. Nur 30 Minuten fehlten der »Lusitania« an einem neuen Rekord, als sie am 13. September in New York eintraf. Dennoch war auch hier die Begeisterung groß. Als das Schiff vor seiner Rückreise zur Besichtigung freigegeben wurde, war der Ansturm der Schaulustigen kaum zu bewältigen.

Zu den Bewunderern gehörte auch Mark Twain, der seiner Begeisterung über den Sicherheitsstandard der »Lusitania« eine mythische Dimension verlieh: »Ich denke, ich werde Noah davon erzählen müssen, wenn ich ihm begegne.« Der weltberühmte Autor konnte auf eigene Erfahrungen als Lotse und Steuermann auf einem Mississippi-Dampfer zurückblicken und hatte sein Schriftsteller-Pseudonym »Mark Twain« (das Rufsignal für »zwei Faden Wassertiefe«) bewusst der Seemannssprache entlehnt. Sein Hinweis auf die Arche Noah war jedoch nicht nur als Lob der modernen Technologie und des multikulturellen Milieus auf dem Auswandererschiff »Lusitania« gedacht, sondern auch als Erinnerung an die Doppeldeutigkeit des biblischen Wortes »Arche« als Palast *und* Sarg.

Das »Blaue Band« holte sich die »Lusitania« dann bei ihrer zweiten Linienfahrt im Oktober. Sie erreichte eine Dauergeschwindigkeit von über 24 Knoten und benötigte für die Atlantiküberquerung weniger als fünf Tage. Vier Wochen später berichten die Zeitungen über einen weiteren Rekord des Schiffs – diesmal ging es um den Wert der Fracht. Im November 1907 transportierte der Cunard-Liner eine Ladung von 20 Tonnen Gold im Wert von 2,5 Millionen Pfund Sterling (heute etwa 650 Millionen Euro) unbeschadet über den Ozean. Im Februar 1909 bekam die »Lusitania« aber auch Gelegenheit, sich im Sinne Mark Twains als sichere Arche zu beweisen. Sie traf in New York erst zwei Tage später als geplant ein, weil sie unterwegs von bis zu 25 Meter hohen Wellen bedrängt worden war. Zwar ging der Steuerbordanker verloren, und die Brecher beschädigten die Kommandobrücke, Teile der Aufbauten und die Funkantenne, doch Crew und Passagiere kamen mit dem Schrecken davon. Der Ruf der »Unsinkbarkeit« der »Lusitania« war nach dieser Fahrt gefestigt. Konkurrenz machte ihr nur die Schwester »Mauretania«, die ihr auch im September 1909 das »Blaue Band« abnahm. Doch dieser Wettbewerb in der eigenen Familie schadete in keiner Weise den Geschäftsinteressen der Reederei. Anders wurde die Situation für Cunard, als 1910/1911 bei der »White Star Line« mit der »Olympic« und der »Titanic« zwei Schiffe vom Stapel liefen, deren Größe und Ausstattung neue Maßstäbe setzten. Allerdings stand ihr Einsatz von Anfang an unter einem unglücklichen Stern.

Kapitän Edward John Smith, der später auch das verhängnisvolle Kommando über die »Titanic« übernahm, schrammte schon während der Probefahrten mit der »Olympic« den Hafenkai von Liverpool. Und im September 1911 kollidierte das neue Schiff vor der Isle of Wight mit dem Panzerkreuzer »Hawke«, was eine Reparatur von mehrmonatiger Dauer zur Folge hatte und auch die Fertigstellung der »Titanic« verzögerte. Und als die Jungfernfahrt der »Titanic« schließlich am 10. April 1912 beginnen konnte, sollte sie vier Tage später in der Eisberg-Katastrophe enden.

Mythos »Titanic«

Warum haben die Deutschen den Untergang der »Titanic« beweint und die Versenkung der »Lusitania« bejubelt? Die »Titanic« war nicht »einzigartig«, sondern erst ihr Untergangs-Mythos machte sie dazu. Aber wie entstand er? Was war das Mythische am Untergang der »Titanic«? Havarien von Passagierdampfern auf der Nordatlantik-Route und selbst Kollisionen mit Eisbergen waren damals nichts Außergewöhnliches. Allein im Jahr 1903 stießen 20 größere Schiffe mit Eisbergen zusammen, zwölf von ihnen versanken. 1907 geriet auch der deutsche Dampfer »Kronprinz Wilhelm« unverhofft in ein unübersichtliches Eisfeld, kam aber mit einigen Schrammen und Beulen davon. Und fast völlig vergessen ist das Schicksal der »Empress of Ireland«, die am 29. Mai 1914 nach einer Kollision mit dem norwegischen Frachter »Storstad« im Sankt-Lorenz-Strom sank und dabei 1 012 Menschen in den Tod riss. Trotz dieser tragischen Dimension wurde diese Schiffskatastrophe nicht als weltbewegendes Drama registriert und taugte auch nicht für Legenden. Es war der Ausbruch des Weltkrieges, der vier Wochen später ins Zentrum des Interesses der Zeitungen und Telegrafenbüros rücken sollte.

Die Tragik der »Titanic« fand hingegen einen günstigeren Zeitpunkt, um den Nerv der Zeit zu treffen. Das Drama ihres Untergangs vermochte den alten Mythos vom vergeblichen Kampf des Menschen gegen die Naturgewalten beispielhaft zu beleben. Von der Reederei war die »Titanic« zum »unsinkbaren« Flaggschiff des Fortschritts erklärt worden, doch auch für sie galt die historische Gesetzmäßigkeit, dass Schiff und Schiffbruch eine symbolische Einheit bilden.

Das Schiff ist eine der größten Erfindungen der Menschheit – aber mit der Geschichte der Seefahrt verbinden sich nicht nur die Erfolgserlebnisse von Eroberung und Handel, sondern ebenso die Tragik des Scheiterns: der Schiffbruch. Wie nahe Erfolg und Scheitern zusammenliegen, musste schon Christopher Columbus erfahren, der bei seiner ersten Entdeckungsreise im Winter 1492 sein Flaggschiff »Santa Maria« wegen ihrer Havarie-Anfälligkeit verfluchte und nur mit großem Glück lebendig auf dem kleineren Ersatzschiff nach Spanien zurückkam. Der romantische Maler Caspar David Friedrich hat die Metaphorik des Untergangs an Beispielen von im Eismeer gekenterten Segelschiffen ästhetisch dokumentiert und als distanzierter Zuschauer moralisch kommentiert. Und der Philosoph Hans Blumenberg kommt in seiner historischen Untersuchung »Schiffbruch mit Zuschauer« zu der Erkenntnis, »dass in aller menschlichen Seefahrt ein frivoles, wenn nicht blasphemisches Moment steckt, das verglichen werden kann mit dem Vorstoß gegen die Unverletzlichkeit der Erde, das Gesetz der ›terra inviolata‹«.

Angelegt ist der »Titanic«-Mythos bereits in der orakelhaften Namensgebung. Titanentum gilt als unangemessene Hybris. In der griechischen Mythologie erhoben sich die »Titanen«, Nachfahren des Uranos, himmelstürmerisch gegen den olympischen Gott Zeus und wurden zur Strafe in den gewaltigen Abgrund Tartaros gestürzt. So war sich der *Baptist Courier* von South Carolina auch ziemlich sicher in seinem Urteil über die Schiffskatastrophe: »Für uns ist das Desaster ein Gottesurteil«.

Der Untergang der »Titanic« wurde jedoch erst durch die besonderen Zeitumstände zum globalen Medienereignis. Noch bevor die Überlebenden den Hafen von New York erreicht hatten, noch ehe erste Augenzeugenberichte vorlagen, kursierten bereits Vermutungen über die Ursachen der Katastrophe. So entstand praktisch ein »Live«-Bericht, der weltweit die Emotionen eines »kollektiven« Publikums bewegte. Ohne den Einsatz der modernen drahtlosen Telegraphie, ohne die schnellen Verbreitungsmöglichkeiten von Bildern und Tönen unmittelbar nach dem Unglück, ohne die neuen Telefonnetze und die Nachwirkung im und durch das Medium Film (bis hin zum monumentalen Epos von James Cameron) hätte es den »Titanic«-Mythos kaum gegeben. Nicht nur im Kino lebte er fort, sondern auch als große Literatur, so zum Beispiel im Roman des norwegischen Schriftstellers Erik Fosnes Hansen als »Choral am Ende der Reise« oder auch in Hans Magnus Enzensbergers dichterischem »Gesang« vom »Untergang der Titanic«.

Besonders betroffen über die Katastrophe im Eismeer zeigten sich die Deutschen. Angesichts ihrer eigenen nationalen Desorientierung wurde das Bild vom schlingernden »Staatsschiff« eine prophetische Metapher, mit der man den Kurs des Kaiserreichs mit der Schicksalsfahrt der »Titanic« vergleichen konnte. Symbolisch erscheint in diesem Zusammenhang eine Anekdote des preußischen Diplomaten Philipp zu Eulenburg über die Nordlandfahrt des Kaisers: »Na, fragte ich den Steuermann, wohin geht die Fahrt des Kaisers? – Norden? Süden? Osten? Westen? –

Nee, sagte er gedehnt, ick fahre nur man so drauflos.« Genau diese Stimmung gab Oswald Spenglers Buch mit dem suggestiven Titel »Der Untergang des Abendlandes« wieder, dessen erster Teil unmittelbar nach dem Krieg erschien und innerhalb kürzester Zeit zum Bestseller wurde. Auch wenn der Autor sich dagegen verwahrte, seine Untergangsprophezeiung mit dem Sinken eines Ozeandampfers zu vergleichen, ist es wohl kein Zufall, dass er den Titel seines Buches bereits 1912 festlegte. Der Geschichtsphilosoph war davon überzeugt, dass ein Prozess des Untergangs ähnlich dem der Antike jetzt dem Abendland bevorstehe. Mit dem an das Schicksal der »Titanic« erinnernden Titel verlieh er der wachsenden Endzeitstimmung und der Erschütterung des europäischen Weltbildes plastischen Ausdruck. Das Stadium des Verfalls der klassischen abendländischen Strukturen sei identisch mit dem zerstörerischen Wesenskern der »Zivilisation«. Ihr Widerspruch zur »Kultur« sei nicht nur ein zeitlicher, sondern auch ein geographischer, nämlich der zwischen Deutschland und dem Westen.

Reduziert auf eine rein funktionale Rolle wurde dieser Gegensatz aber erst mit dem Kriegsausbruch. Zwei Jahre zuvor konnte in Deutschland der Untergang der »Titanic« noch als große tragische Inszenierung eines kulturellen Verlustes empfunden werden, der Mitleid und Selbstmitleid erregen musste, während die Versenkung der »Lusitania« im Kriegsjahr 1915 als »Vernichtung jenes frechen Symbols der englischen Seeherrschaft und einer immer noch komfortablen Zivilisation« (Thomas Mann) bejubelt werden durfte. Dass sich die zivilisatorischen Milieus und das Sozialverhalten in beiden Katastrophensituationen unterschieden, hat eine aktuelle Untersuchung von Schweizer Sozialwissenschaftlern bestätigt: Auf der »Titanic« überlebten überdurchschnittlich viele Passagiere der Ersten Klasse, auf der »Lusitania« hingegen starben prozentual weniger Passagiere der Dritten als der Ersten Klasse. Dass trotz widriger Umstände (schneller Untergang) auf der »Lusitania« auch Passagiere der

Dritten Klasse Zugang zu Rettungsbooten fanden, lag nicht nur an ihren stärkeren Ellbogen, sondern auch daran, dass es generell auf den Decks gleichberechtigter und somit demokratischer zuging. Auf der »Titanic« wurde die traditionelle Sozialordnung der Privilegierten buchstäblich bis zum Untergang praktiziert, selbst die Bordkapelle musste bis zuletzt spielen. Es war eine symbolische Sozialordnung untergegangen, der auch die Deutschen mehrheitlich nachtrauerten.

Sie setzten die Hoffnung nach der Katastrophe auf eine neue, »deutsche Titanic«. Als die »Olympic«-Klasse der »White Star Line« geplant wurde, hatte Albert Ballin, der Generaldirektor der HAPAG, sich noch um ein internationales Abkommen bemüht, um den hemmungslosen Wettbewerb der Schifffahrtsgesellschaften auf den Nordatlantikrouten einzuschränken. Da der Konkurrenzdruck der Wirtschafts- und Großmachtinteressen sich aber als zu groß erwies, versuchte die HAPAG dann die Engländer mit dem Bau einer eigenen, neuen Schnelldampferflotte zu übertrumpfen.

Nur wenige Wochen nach dem »Titanic«-Desaster, am 23. Mai 1912, lief das Typschiff »Imperator« auf der Hamburger Vulcan-Werft vom Stapel. Die Schwesterschiffe »Vaterland« und »Bismarck« folgten 1913/14 bei »Blohm & Voss«, wobei die Größe der Schiffe jedes Mal gesteigert wurde. Schon *der* »Imperator« – Kaiser Wilhelm II. hatte sich als Taufpate ausdrücklich den männlichen Artikel gewünscht – wurde ein deutsches »Überschiff«. Es übertraf mit seinen 52 117 BRT das Volumen der »Titanic« um mehr als 6 000 BRT und besaß eine bisher nicht gekannte Transportkapazität für 4 300 Passagiere und 1 200 Mann Besatzung.

Der »Imperator« sei, so konstatierte der Schweizer Journalist Karl Friedrich Kurz 1913 fassungslos, »ein ungeheuerliches Riesenwerk, das aufgehört hat, ein Schiff zu sein, das eine schwimmende Stadt geworden ist, ein unüberwindliches Bollwerk, ein Ungetüm, für das unseren Sprachen der Name fehlt …«.

»Mein Feld ist die Welt«. Das deutsche Schiff »Imperator« war nicht nur ein friedlicher Passagierdampfer, sondern wirkte auch als aggressives Symbol.

Ursprünglich sollte der neue HAPAG-Dampfer »Europa« heißen, denn es gebe, so die Reederei, »nichts Friedlicheres als die Reise eines Handelsdampfers von Weltteil zu Weltteil«. Man musste aber eingestehen, dass »das Schiff in seiner ungeheuerlichen Körperlichkeit, in seiner dampfbewegten Kraft und seinem Riesenpanzer aus Stahl« doch »zu stark, zu mächtig, zu drohend« sei, »als dass es nicht zugleich als ein Kriegsfahrzeug erscheinen müsste«. Allerdings, so versuchte der Werbetext abzuschwächen, sei es »ein Kriegsschiff nicht gegen Menschen, aber gegen das elementare Meer!« Dieser merkwürdige Widerspruch zeichnete damals allgemein die wilhelminische Propaganda aus, es war jene irritierende Mischung aus Friedensbeteuerung und Waffenklirren. Man folgte dem Wunsch des Kaisers, der sich selbst gern als »Imperator Rex« bezeichnen ließ, nicht nur in der Namensgebung, sondern verzierte den Bug des Schiffs zusätzlich mit einer aggressiven Symbolfigur: An der Spitze des »Imperators« prangte ein in Bronze gegossener Reichsadler mit aufgerissenem

Schnabel und gespreizten Schwingen mit einer Spannweite von über 16 Metern. Auf dem Adlerkopf thronte die Kaiserkrone, und die gewaltigen Krallen umklammerten eine Weltkugel mit dem Motto »Mein Feld ist die Welt«. Der peinlichen Galionsfigur entsprach eine zum Teil überaus protzige und stillose Inneneinrichtung, die als »potsdamisches Rokoko« verspottet wurde.

Die Einsatzgeschichte der »deutschen Titanic« und ihrer beiden Schwesterschiffe verlief keineswegs so dramatisch und ruhmreich, wie die martialischen Insignien es versprachen. Seine letzte Fahrt unter deutscher Flagge unternahm der »Imperator« am 8. Juli 1914. In Hamburg wurde er dann wegen des Kriegsausbruchs »stillgelegt«. Nach dem Krieg gelangte das ehemalige Lieblingsschiff des deutschen Kaisers in den Besitz der Cunard-Linie und hieß fortan »Berengaria«. In den Memoiren des Cunard-Oberkommandanten Arthur Henry Rostron, der als Retter von 700 »Titanic«-Schiffbrüchigen berühmt wurde, ist die Erinnerung an das deutsche Schiff nur schwach. Während er in einem ganzen Kapitel von der Bedeutung der »Mauretania« und »Lusitania« schwärmt, erwähnt er die »Berengaria« nur in einem Nebensatz als »bequemes Schiff«.

In Vergessenheit geraten sind auch die beiden anderen HAPAG-Dampfer. Die »Vaterland« erlebte den Kriegsausbruch in New York, wurde dort von den USA beschlagnahmt und erhielt den neuen Namen »Leviathan«. Die »Bismarck« schließlich konnte erst nach dem Krieg fertiggestellt werden und musste dann als »Majestic« ihre Jungfernfahrt für die »White Star Line« antreten. Immerhin gab es für die großen zivilen HAPAG-Dampfer nach dem Krieg noch einen, wenn auch eingeschränkten, Verwendungszweck – von der funktionslosen deutschen Schlachtflotte blieb nach ihrer Selbstzerstörung nur noch ein Schrottwert.

Moderne Wikinger?

Die »Risikoflotte«

Die Ursachen für den Ausbruch des Ersten Weltkriegs lagen in alten territorialen, sozialen, wirtschaftlichen und religiösen Konflikten zwischen den europäischen Staaten. Bereits seit den siebziger Jahren des 19. Jahrhunderts hatte man mit einer kriegerischen Zuspitzung gerechnet. Der Umstand, dass sich die Absatzmärkte der deutschen Industrie fast vollständig in fremden Händen befanden, wurde in Deutschland als nationale Diskriminierung empfunden. Kaiser Wilhelm II. forderte mehr Kolonien, um für das Deutsche Reich einen »Platz an der Sonne« zu sichern. Dabei war klar, dass für ein großes Kolonialreich auch eine starke Seemacht erforderlich sein würde. Deutschland besaß zwar traditionell ein starkes Landheer, aber keine beeindruckende Flotte. Brandenburg-Preußen hatte sich trotz ausgedehnter Ostseeküste darauf beschränkt, das zerrissene Staatsgebilde mit der Armee zusammenzuhalten und zu sichern.

Mit dem Drang zur See kam ein neues, unpreußisches und nationaldeutsches Element in die Politik. Der Kaiser erklärte sich zum »ersten Seemann« der Nation und machte die Marine zu einem »reichsunmittelbaren« Instrument. In dem 1897 zum Staatssekretär des Reichsmarineamtes ernannten Admiral Tirpitz fand er einen fanatischen Organisator des Schlachtflottenbaus. Dass sich diese maritime Aufrüstung in erster Linie gegen Großbritannien richtete, kam bereits in der Gesetzesvorlage von 1900 zum Ausdruck. Die Flotte müsse so stark sein, hieß es da, »dass ein Krieg auch für den seemächtigsten Gegner mit derartigen Gefahren verbunden ist, dass seine eigene Machtstellung in Frage gestellt wird«. Für diese aggressive These erfand Tirpitz den einfühlsamen Ausdruck »Risikoflotte«. Er war ein erfolgreicher Propagandist und Ideologe – dank kaiserlicher Unterstützung vermochte er die Öffentlichkeit, das heißt Parlamentarier, Wissenschaftler, Diplomaten und Journalisten, nachhaltig zu beeindrucken. So erhoffte man sich für dieses militärische Programm auch einen Rückhalt in der Bevölkerung und eine Stabilisierung der Monarchie. Die Wirtschaftsführer, namentlich die Schiffsbauer, Stahlproduzenten und Zulieferer für die Werften, gaben sich enthusiastisch und versprachen neue Arbeitsplätze. Auch die Bürger zeigten sich begeistert und ließen ihre Kinder an Feiertagen Matrosenanzüge tragen.

Zu den wenigen Zweiflern gehörte der HAPAG-Chef Albert Ballin – er sprach offen aus, dass zur Sicherung von Schifffahrt und Welthandel eine Verständigung mit England wichtiger sei als der Schlachtflottenbau. Doch Tirpitz verfolgte weiterhin seine angeblich der Abschreckung dienende Strategie: Wenn das englische Empire Angst vor einer modernen deutschen Flotte bekäme, würde es auch keinen Krieg wagen. Doch in Wirklichkeit arbeitete er auf eine entscheidende Seeschlacht hin, auf eine heroische Schlacht in der Nordsee, die innerhalb kürzester Zeit »mit einem Höchstmaß an Kampfkraft und Standfestigkeit« von den neuen deutschen Kriegsschiffen gewonnen werden könne.

Aber auch die britische Royal Navy, die seit Jahrhunderten als die effektivste Marine der Welt galt, rüstete auf. 1904 wurde Sir John Arbuthnot Fisher zum First Sea Lord ernannt. Sein kriegerisches Motto lautete: »ruthless, relentless, remorseless« (unbarmherzig, unnachgiebig, unerbittlich). Und als 1911 Winston Churchill das Amt des Marineministers übernahm, war die Royal Navy doppelt so groß wie die deutsche Flotte. Im Gegensatz zu Tirpitz wusste Churchill, dass im Seekrieg nicht eine einzelne heroische Schlacht entscheidend ist, sondern die strategisch-langfristige Sicherung der eigenen Verbindungen und die effektive Blockierung der feindlichen Kräfte. Die englische Marine musste die Schlacht, auf die Tirpitz hoffte, gar nicht führen, sie konnte –

Kaiser Wilhelm II. als Steuermann des »Staatsschiffes« – Postkarte aus der Zeit des Ersten Weltkriegs.

was dann auch im Weltkrieg geschah – ihre Blockadelinien weit entfernt von den deutschen Küsten risikolos aufbauen. Während die »Grand Fleet« diese Aufgabe erfüllte, kam die deutsche »Hochsee-Flotte« kaum zum Einsatz und »verrostete« auf ihren Liegeplätzen.

Ein geradezu symbolisches Ersatzgefecht war das »Duell« zwischen den ehemaligen Passagierschiffen »Carmania« (Cunard-Linie) und »Cap Trafalgar« (»Hamburg Südamerikanische Dampfschiffahrts-Gesellschaft«) wenige Wochen nach Kriegsbeginn. Die zu Hilfskreuzern umgerüsteten Dampfer begegneten sich am 14. September 1914 vor Trinidad und beschlossen, gegeneinander zu kämpfen. Die Deutschen eröffneten das Feuer und konzentrierten es auf die Brücke der »Carmania«, während die Engländer auf die Wasserlinie der »Cap Trafalgar« zielten. Zu Beginn verlief das Gefecht nahezu operettenhaft. Die Engländer trugen Tropenhelme, hatten Sonnenschutzsegel aufgespannt und ihre Geschützbedienung ließ sich von den Stewards gekühlte

Getränke auf silbernen Tabletts servieren. Doch bald brachen auf beiden Schiffen Brände aus und die Zerstörungen bekamen bedrohliche Dimensionen. Während auf der »Carmania« Steuerstand, Maschinentelegrafen, Masten und Rettungsboote von den Schäden betroffen waren, hatten die Unterwassertreffer bei der »Cap Trafalgar« die Schotten zum Einbruch gebracht und führten schließlich zum Untergang. Bevor das deutsche Schiff sank, konnten sich 279 Mann der Besatzung retten und wurden von einem Versorgungsschiff aufgenommen. Der Kapitän und weitere 50 Marinesoldaten kamen ums Leben. An Bord der »Carmania« gab es neun Tote und zahlreiche Verletzte, das englische Schiff konnte aber trotz Beschädigung die Fahrt mit wehender Fahne fortsetzen. Auch mit kleineren Scharmützeln und Vorstoßversuchen deutscher Schlachtschiffe, wie im Januar 1915 nahe der Doggerbank, gelang es nicht, die Engländer zu einer »Entscheidungsschlacht« zu provozieren. Die Basen der Royal Navy blieben für die deutsche Marine unerreichbar und die Fernblockade wurde immer effektiver.

Doch dann, als die schwarzweißrote Flagge des Kaiserreichs nahezu ganz von den Weltmeeren verschwunden war, entdeckten die Deutschen eine neue »Wunderwaffe«: das U-Boot. Bei Kriegsbeginn war das Unterseeboot noch ein verhältnismäßig unerprobtes Kriegsmittel, das weder von der deutschen noch von der britischen Admiralität (die von einer »unenglischen Waffe« sprach), wirklich ernst genommen wurde. Anfangs verfügten die Deutschen nur über 21 U-Boote, die zur Unterstützung der eigenen Flotte in den nahen Küstengewässern gedacht waren. Als es aber der »U-9« unter dem Kommando von Kapitänleutnant Otto Weddigen am 22. September 1914 gelang, nördlich von Hoek van Holland innerhalb einer Stunde drei englische Panzerkreuzer zu versenken, erfolgte ein Umdenken. Auch der Kaiser war beeindruckt und inspizierte in Kiel erstmals die vernachlässigte Waffengattung, wodurch er der kleinen Schar der U-Boot-»Krieger« militärische und gesellschaftliche Anerkennung verschaffte.

Die neue »Wunderwaffe« sollte die ersehnte Wende im Seekrieg bringen: Deutsche U-Boote im Hafen von Kiel, 1914.

Generell stand die »reichsunmittelbare« Marine nicht mehr im Bannkreis preußischer Traditionen, hier konnten auch Bürgersöhne Karriere machen. Sie sollten »Ingenieurs-Modernität« in das alldeutsche Flottenprogramm bringen. Ingenieursmacht, das war auch für Oswald Spengler der Ersatz abstrakter Philosophie durch konkrete Maschinengewalt. »Wenn sich Menschen der neuen Generation«, so sein Appell an die Jugend, »der Technik statt der Lyrik, der Marine statt der Malerei, der Politik statt der Erkenntniskritik zuwenden, so tun sie, was ich wünsche, und man kann ihnen nichts Besseres wünschen.« Heinrich Mann hingegen warnte früh vor einer kultmäßigen Anbetung der »militärischen Maschinen« und den neuen »seelenlosen« Beziehungen des Bürgers zur Gewalt. Bald ließ auch die Kriegsbegeisterung der Matrosen auf den neuen Großkampfschiffen nach. Frustriert durch das lange, vergebliche Warten auf die Entscheidungsschlacht, empörten sie sich über den sinnlosen Drill und die Privilegien ihrer Vorgesetzten. Briefe und Tagebücher berichten darüber,

»Das Unterseeboot«. Idealisierende Darstellung des U-Boot-Krieges aus der *Illustrierten Kriegs-Zeitung* Nr. 40.

wie das Vertrauensverhältnis zwischen Offizieren und einfachen Marinesoldaten verloren ging. Ganz anders war die Situation auf den U-Booten, Torpedobooten und Minensuchbooten, die sich im Dauereinsatz befanden. Hier waren Kommandeure und

Mannschaften ständig der gleichen Belastung und Gefahr ausgesetzt und bildeten eine verschworene Gemeinschaft.

Die kleinen U-Boote waren eng und stickig und die Besatzung hatte auch die Naturgewalten zum Feind. Bei Wintereinsätzen in nördlichen Gewässern sank die feuchtkalte Temperatur im Inneren der Boote bis auf unter vier Grad Celsius ab und war nur mit spezieller Lederbekleidung und Wollunterziehern zu ertragen. Im Sommer und bei Einsätzen im Mittelmeer ergaben sich ebenso unangenehme Probleme mit Hitze und schlechter Luft. Da die Leistungsdauer des Elektro-Antriebes begrenzt war, fuhren die U-Boote nach Möglichkeit aufgetaucht, um ihre Petroleum- oder später Dieselmotoren zu nutzen und die Batterien aufzuladen. Die durchdringenden Gerüche von Diesel, Öl, Essensresten, Schweiß und anderen menschlichen Ausdünstungen breiteten sich nicht nur im gesamten Schiffsraum aus, sondern blieben auch in der Kleidung der Besatzung hängen. Auf längeren Fahrten stumpfte dann irgendwann der Geruchssinn ab, was natürlich auch den Drang nach Hygienemaßnahmen nicht förderte. Konnte ein U-Boot aufgrund der Gefahrensituation längere Zeit nicht auftauchen, dann entwickelte sich ein für die Atemluft bedrohlicher Anteil von Kohlendioxyd und anderen Schadstoffen. Und beim Entladen der Batterien wurde nicht nur leicht entzündlicher Wasserstoff freigesetzt, es bestand auch die Gefahr, dass aus der Mischung von Schwefelsäure und Salzwasser heimtückisches Chlorgas entstand. So war anfangs jede U-Boot-Fahrt auch ohne Feindberührung nicht nur eine unbequeme, sondern auch eine lebensbedrohliche Angelegenheit.
Wer sich freiwillig zum Dienst auf einem U-Boot gemeldet hatte, musste schon über einen fanatischen Willen und große Kriegslust verfügen. Es war dieser Wille, den der Ökonom Werner Sombart in seinem 1915 erschienenen Pamphlet *Händler und Helden* glorifiziert hatte und der durch »literarische« Eigenpropaganda einiger U-Boot-Kapitäne über ihre »Wikingerfahrten« mystifiziert wurde. Neben selbsternannten oder beauftragten

Propagandaschriftstellern wie Max Valentiner, Georg Günther von Forstner oder Werner Fürbringer leistete sich die kaiserliche Marine sogar einen eigenen Kriegsmaler, den Karl May-Illustrator Claus Bergen. Er wurde in erster Linie bekannt wegen seiner Bilder über die Skagerrakschlacht, doch hat er auch an U-Boot-Einsätzen teilgenommen, um sie anschließend auf der Leinwand zu dokumentieren. Natürlich musste auch die »Lusitania«-Katastrophe ein Motiv für ihn werden. Der Maler sprach mit Besatzungsmitgliedern der »U-20« und stellte das Gemälde »Der Untergang des Cunarddampfers ›Lusitania‹« noch im Mai 1915 fertig. Danach wurde die urige Heldendarstellung von U-Boot-Kriegern zu einem der beliebtesten Themen.

Auch manche Texte von Max Valentiner klingen wie Bildbeschreibungen: »Der erste Eindruck, den die Handelskapitäne von uns hatten, war allerdings furchtbar. Was da vom Grund des Meeres heraufstieg und aus der Kanone schoss, das schienen keine Menschen zu sein, sondern Barbaren aus einer fremden Urzeit. Wir sahen aus, als ob wir uns wie die Indianer bemalt hätten, ehe wir auf den Kriegspfad gingen. Das war aber unfreiwillig. Die Luft im U-Boot war ständig mit Öl geschwängert. Das Öl schlug sich gelbrot auf die Haut nieder. Waschen konnten wir uns manchmal wochenlang nicht. Auch der Binnenländer weiß, dass man sich mit Meerwasser nicht waschen kann. Wir hatten zwar auch Süßwasser mit, aber Süßwasser ist so kostbar, dass man es nicht einmal trinken darf. Zum Trinken sind Kognak oder Whisky da. Die Schiffe, die wir kaperten, hatten ja genug Feuerwasser an Bord. Unser Süßwasser brauchten wir, um die Motoren zu kühlen. So stiegen wir aus der Tiefe des Meeres hoch, rotgesichtig wie die Urbarbaren und von stechenden Bartstoppeln umglänzt. Das Weiße aus unseren Augen hob sich erschreckend hell aus unserer Haut, und so wirkte unser Blick, ohne dass wir es wollten, ›tacitäisch‹. Tacitus hatte von den Germanen berichtet, dass manche die Gabe hätten, durch ihre Augen den Feind einzuschüchtern. Uns hatte man aus den

Eine verschworene Gemeinschaft: Nach den Erfolgen vom Herbst 1914 posierte die Mannschaft der »U-9« für ein Heldenfoto.

Rüstkammern des Krieges diesen Blick wiederverliehen, ohne dass wir es wussten.« Dass die deutschen U-Boot-Mannschaften, so Kommandeur Max Valentiner, »zu Beginn des Krieges aus erlesenem Menschenmaterial zusammengestellt wurden, verstand sich von selbst« – und er hatte sich »aus diesem erlesenen Material nur die Edelsteine herausgesucht«.

An den Matrosenaufständen im Oktober/November 1918 waren die erlesenen U-Boot-»Wikinger« nicht beteiligt. Sie lehnten die roten Fahnen ab und empfanden Niederlage und Novemberrevolution als »doppelte Schande«. Nicht wenige engagierten sich in den konterrevolutionären Freikorps und setzten ihre Karriere im Nationalsozialismus und Zweiten Weltkrieg fort. Das gilt natürlich in erster Linie für Großadmiral Karl Dönitz, den Hitler im April 1945 testamentarisch zu seinem Nachfolger »ernannte«. Auch Dönitz hatte sich 1916 freiwillig für U-Boot-Einsätze gemeldet und schon nach seinen ersten »Feindfahrten« auf der »U-39« wurde der damals 25-Jährige als »frischer, energischer Offizier« beurteilt und zum Oberleutnant befördert. Während eines Mittelmeereinsatzes geriet Dönitz im Oktober 1918 in britische Gefangenschaft. In der Weimarer Zeit blieb er der Marine treu und avancierte zum Admiralstabsoffizier. Im Zweiten Weltkrieg setzte er seine Karriere als Konteradmiral und Befehlshaber der Unterseeboote (BdU) fort, erfand als neue Angriffsform die sogenannte »Rudeltaktik« und war als Oberbefehlshaber der Marine nach der verlorenen Atlantikschlacht für verbrecherische Durchhaltebefehle verantwortlich. Selbst noch in den Nürnberger Prozessen, wo gegen ihn unter anderem der Vorwurf des »Versenkens von feindlichen Handelsschiffen ohne Warnung« erhoben wurde, gefiel er sich in der Rolle des gefolgstreuen Nationalsozialisten.

1917, als Dönitz Wachoffizier auf der »U-39« war, gehörte auch der spätere Theologe und Pazifist Martin Niemöller zur Mannschaft. Er war im Februar des Jahres als Steuermann an der Versenkung von zwei Truppentransportern (der französischen »Amiral Morgen« und der italienischen »Minas«) beteiligt, wobei über 1 000 Soldaten ertranken. In seinem Buch *Vom U-Boot zur Kanzel* gestand Niemöller, dass ihm damals »nicht ganz wohl« dabei war, die Rettung von hilflosen Schiffbrüchigen zu sabotieren. Sein Buch, das 1934 erschien, dokumentiert, wie schwer es auch ihm gefallen ist, sich von dem elitären Krieger-Bewusstsein und der tradierten nationalkonservativen Ideologie zu lösen. Bei Ausbruch des Zweiten Weltkriegs, als Niemöller bereits Sonderhäftling im KZ Ravensbrück war, wollte er sich dem »Führer« freiwillig wieder als U-Boot-Kommandeur zur Verfügung stellen, doch der lehnte das Gesuch ab.

Auch die Karriere von Hitlers schillerndem Abwehrchef Wilhelm Canaris begann als skrupelloser U-Boot-Offizier im Ersten Weltkrieg. Canaris stammte aus einer Unternehmerfamilie und trat nach seiner Gymnasialzeit als 18-jähriger Seekadett in die Kaiserliche Marine ein. Nach seiner Ausbildung auf einem Kreuzer und verschiedenen Torpedobooten bekam er erste geheimdienstliche Aufträge im Mittelmeerraum und in Lateinamerika. 1915 baute er eine Nachschuborganisation für die im Mittelmeer operierenden deutschen U-Boote auf und koordinierte gleichzeitig unter seinem Decknamen »Reed Rosas« in spanischen Küstenstädten das Agentennetz des Marine-Nachrichtendienstes. 1916 bat er um Versetzung zum aktiven U-Boot-Kampfeinsatz. Als Kommandeur der »U-34« und der »UB-128« war Canaris für die Versenkung zahlreicher englischer und französischer Handelsschiffe verantwortlich.

So korrekt, wie der Schauspieler O. E. Hasse den Admiralstabsoffizier Canaris in der bekannten, 1954 gedrehten Filmbiografie dargestellt hat, war dieser nie. Das gilt auch für seine Aktivitäten nach der Novemberrevolution im Freikorps der Marinebrigade und als Adjutant des Reichswehrministers Gustav Noske. Besonders unrühmlich war seine Verwicklung in das Mordkomplott gegen die Spartakistenführer Rosa Luxemburg und Karl Liebknecht. Der nationalsozialistischen Bewegung stand Canaris von Anfang an sympathisierend gegenüber, und seine Ernennung zum Abwehrchef im Oberkommando der Hitler-Wehrmacht kam 1935 nicht überraschend. Zwar gehörte der Konkurrenzkampf zwischen Abwehr und SS zu den spektakulärsten Auseinandersetzungen im byzantinischen Machtgefüge des Dritten Reichs, doch ein Widerstandskämpfer war Canaris nicht. Im Februar 1944 wurde die Abwehr dem Reichssicherheitshauptamt unterstellt und am 9. April 1945 ließ man Canaris im KZ Flossenbürg wegen angeblicher »Verbindungen« zu den Attentätern vom 20. Juli hinrichten.

Einige U-Boot-»Helden« des Ersten Weltkriegs, wie die »Pour le Mérite«-Träger Otto Steinbrinck und Max Valentiner, setzen nach 1933 nicht nur ihre Karriere in den NS-Militäreinrichtungen fort, sondern gewannen gleichzeitig großen Einfluss als Wirtschaftsführer. Steinbrinck, der »erfolgreichste« der sogenannten »Flandern-Kommandeure« (mit Einsätzen von 1914 bis 1918 auf fünf verschiedenen U-Booten), trat im Mai 1933 nicht nur in die

NSDAP ein, sondern auch in die SS. 1935 wurde er SS-Oberführer und überredete den mit ihm befreundeten Großindustriellen Friedrich Flick zur Mitgliedschaft im »Freundeskreis Reichsführer SS«. Ab April 1938 fungierte Steinbrinck als »Wehrwirtschaftsführer« und gleichzeitig als Generalbevollmächtigter für den Flick-Konzern. 1939 wurde er zum SS-Brigadeführer ernannt und zugleich als Fregattenkapitän reaktiviert. Sein Ausscheiden aus dem Flick-Konzern bedeutete aber keineswegs die Aufgabe wirtschaftlicher Machtpositionen. Von 1940 bis 1945 war Steinbrinck unter anderem tätig als Treuhänder des Thyssen-Vermögens, Mitglied im Aufsichtsrat der Vereinigten Stahlwerke AG, »Generalbevollmächtigter für die Stahlindustrie in Luxemburg, Belgien und Frankreich«, Präsidiumsmitglied der »Reichsvereinigung Kohle« und zuletzt, kurz vor Kriegsende, als Verbindungsmann zwischen der Ruhrindustrie und der Heeresgruppe B unter Generalfeldmarschall Walter Model. Im »Nürnberger Flick-Prozess« verurteilten die Alliierten den NS-Multifunktionär Steinbrinck im Dezember 1947 zu fünf Jahren Haft. 1949 erlitt er einen tödlichen Herzanfall.

Sein alter U-Boot-Kamerad Max Valentiner starb im gleichen Jahr. Auch dieser hochdekorierte Veteran des Ersten Weltkrieges schaffte nach 1933 eine glänzende Doppelkarriere: Neben seiner leitenden Funktion im Marineamt des Reichswehrministeriums brachte er es als Reeder und Fabrikbesitzer zu einem großen privaten Vermögen. Er litt an einer schleichenden Lungenkrankheit, die er sich während seiner U-Boot-Zeit beim Einatmen der giftigen Maschinendämpfe zugezogen hatte. So hatte er zum Beispiel mit dem U-Kreuzer »U-157« im Zeitraum vom Herbst 1917 bis Frühjahr 1918 einen sagenhaften Dauerfahrtrekord von insgesamt 139 Tagen aufgestellt und in diesem Zeitraum auch 139 Schiffe versenkt. Bevor Valentiner das Kommando über den großen, neuen U-Kreuzer übernahm, war er bereits als autobiografischer »Abenteuer-Schriftsteller« in Erscheinung getreten. 1917 erschien in der Ullstein-Kriegsbücherei sein erster

Max Valentiner wurde als Kommandant der »U-38« und »Abenteuer-Schriftsteller« bekannt und vermögend. Wie die meisten seiner überlebenden »Kameraden« konnte er seine Karriere im Nationalsozialismus fortsetzen.

Titel *300 000 Tonnen versenkt! Meine U-Bootsfahrten*. Im Vorwort war zu lesen: »Rund dreihunderttausend Tonnen Schiffsraum hatte allein ›U 38‹ versenkt, als ich mich zum Schreiben niedersetzte …«

Geschrieben hat er das Buch allerdings nicht selbst, sondern ein Ghostwriter namens Reinhard Roehle. Vertraglich war vereinbart, dass der Reiseschriftsteller Roehle, ein ehemaliger HAPAG-Zahlmeister, Valentins Erlebnisse »auf Grundlage« der U-Boot-Fahrtenbücher niederschreiben sollte. Der Verlag garantierte Valentiner ein Honorar von 20 000 Mark und der Ghostwriter sollte 4 000 erhalten. Da der Vertrag noch vor Beendigung seiner Einsätze auf der »U-38« abgeschlossen wurde, dienten die Bordnotizen über seine letzten Piraterien in erster Linie seinen Honorarinteressen als Autor. Entsprechend schönfärberisch und zugleich zynisch ist die Darstellungsweise, so zum Beispiel, wenn er von der Versenkung eines französischen Passagierdampfers berichtet, der offensichtlich als Truppentransporter diente:

»Als wir nahe heran sind, können wir den Dampfer genau überblicken. Es ist ein Truppentransporter. Sein Deck ist voll von meist farbigen Soldaten, Turkos und Marokkanern. Alle tragen einen roten Fes. Aber was ist mit den Leuten los? Warum machen sie keine Miene, ihre Boote aufzusetzen? Der Kapitän kann doch nicht glauben, dass ich einen Truppentransporter laufen lasse. Wir haben ihn bereits lahm geschossen. Warum, zum Teufel, setzt er seine Boote nicht aus und bringt seine Leute nicht in Sicherheit? Ich bin nicht nur Seemann, sondern auch Soldat. Es ist Krieg. Ich schieße. Ein Torpedo geht ab, und die Männer drüben sehen ihn kommen. Sie rennen durcheinander, einer fällt über den anderen, es entwickeln sich tolle Szenen. Rücksichtslos tritt einer auf dem anderen herum, aber die Offiziere räumen wenigstens die Stellen, wo mein Torpedo einhaken wird. Der Torpedo sitzt genau in der Mitte. Jetzt stürzen sich die Männer in die Rettungsboote und lassen sie in wahnsinniger Eile ins Wasser herunterklatschen. Einige Boote sind so überfüllt, dass die Seile reißen und die Menschen ins Wasser stürzen. Völlig zerschlagen, die Insassen unter sich begrabend, gelangen die Boote ins Wasser. Die meisten Soldaten aber warten gar nicht erst ab, bis die Boote unten sind, sondern springen kopfüber von Deck und versuchen schwimmend die marokkanische Küste zu erreichen. Als der Dampfer sich nach zehn Minuten kerzengerade aufrichtet, ist das Deck menschenleer. Mit rasender Fahrt verschwindet das totgeschossene Schiff in die Tiefe.«

Hunderte von hilflosen Schiffbrüchigen wurden ihrem Schicksal überlassen. Der U-Boot-Kapitän hatte bereits ein neues Ziel im Visier: »Die schrecklichen Szenen, die sich an Bord des Truppentransporters abgespielt haben, stehen noch ganz vor unseren Augen, als wir einen Dampfer sichten, der Kurs nach Frankreich hat.« Diesmal, so erfährt der Leser, verlief alles human nach den Regeln der Prisenordnung. Es waren keine undisziplinierten Afrikaner an Bord, sondern nur eine Getreideladung. »Wir tauchen auf und geben den Warnschuss. Der Dampfer ergibt sich sofort.

Ordnungsgemäß werden die Boote heruntergelassen. Wir sprengen das Schiff.«

Nach dem Krieg erschienen mehrere neue Versionen des Buches in hohen Auflagen, so 1934 im gleichen Verlag »U 38 – Wikingerfahrten eines deutschen U-Bootes« und zuletzt nahezu unverändert 2002 (!) als »Roman« unter dem Titel *Todesgefahr über uns – U 38 im Einsatz*. Der im Ersten Weltkrieg entstandene U-Boot-Mythos speiste sich aus existenziellen menschlichen Erfahrungen mit Technik, Angst und Aggressionen, deren Bilder bis heute auch Menschen faszinieren, die nie den Krieg erlebt haben. Diese Bilder stehen für eine unheimliche, tödliche Bedrohung aus der Tiefe, aber auch für Mut, Kameradschaft und Erfolg des Schwächeren. »Das U-Boot ist ja nicht nur Käfig, in den man eingeschlossen ist, sondern es ist ja auch ein böses Tier«, so Günther Rohrbach, der Produzent des erfolgreichen deutschen Films »Das Boot«.

Nicht unwichtig für die Entwicklung einer schwärmerischen Bewunderung für den Einsatz der deutschen U-Boote im Ersten Weltkrieg war die propagandistische Betonung ihrer Funktion als trickreiche »Allzweck-Waffe«. Im gesamten Ersten Weltkrieg hat man 3 240 Einsätze von 320 deutschen U-Booten registriert. Dabei wurden etwa 6 000 zivile Schiffe und über 100 größere Kriegsschiffe versenkt. Die Gesamtzahl der Opfer ist nicht erfasst, aber allein der Einsatz der »U-9« im September und Oktober 1914 kostete mehr als 2 000 englischen Marinesoldaten das Leben. Der Kommandeur Otto Weddigen erhielt dafür als erster deutscher Marineoffizier den Orden »Pour le Mérite«. Er selbst starb nur einige Monate später, als sein Boot vor der schottischen Küste von einem englischen Schlachtschiff gerammt wurde und mit der gesamten Mannschaft versank. Insgesamt gingen 187 deutsche U-Boote verloren und über 5 000 Besatzungsmitglieder fanden den Tod.

»Wir fahren gegen En-ge-land«

Neben den Einsätzen in der Nordsee und im Atlantik waren die im Mittelmeer von besonderer Bedeutung. So attackierte zum Beispiel Max Valentiner mit der »U-38« in der Adria schon italienische Schiffe, als Italien sich noch gar nicht im Kriegszustand mit dem Deutschen Reich befand. Und später, bei der Versenkung des Passagierdampfers »Ancona«, hisste er zur Irreführung die österreichisch-ungarische Flagge. Es waren auch deutsche U-Boote, die die Verbindung mit aufständischen Arabern in Tripolis herstellten und sensibles Material nach Nordafrika lieferten oder für die Dardanellenverteidigung unentbehrliche Geschosse und Zünder transportierten. Sie schützten die Seeflanke bei dem türkischen Vormarsch zum Suezkanal, verteidigten die bulgarische Küste und behinderten russische Material- und Munitionstransporte durch das Weiße Meer.

Doch der Hauptfeind war England, wie ein Propagandatext aus dem Jahr 1915 bekräftigte: »Was England in stolzer Unnahbarkeit und felsenfester Überzeugung von seiner Macht aere prennior sich nie träumen ließ: das deutsche U-Boot vernichtete englische Kriegsschiffe, versenkte englische Handelsdampfer, zwang die englische Schifffahrt zur Einschränkung, rief Lohn-, Fracht- und Versicherungserhöhungen hervor, zettelte Streiks an, schraubte Lebensmittelpreise in die Höhe, warf den ganzen englischen Handel durcheinander; das U-Boot veranlasste, dass Englands Ansehen bei den Völkern als unumschränkte Beherrscherin der Meere erheblich abzubröckeln begann.«

Nicht erwähnt wird hier das Problem, das mit der hemmungslosen »Versenkung von Handelsschiffen« verbunden war, wie sie von Kreisen der deutschen Marineführung gefordert wurde. Nach den Regeln des Völkerrechts mussten die feindlichen Handelsschiffe zunächst durchsucht werden, und dann konnte man die Ladung gegebenenfalls beschlagnahmen und das Schiff als »Prise« in einen Hafen einschleppen. Eine Versenkung war nur als Notfall vorgesehen und das auch nur, wenn die sichere Bergung der Besatzung garantiert war. Ein solches Vorgehen war jedoch mit den kleinen U-Booten kaum möglich. Allerdings hielten sich auch die Engländer bei ihrer Blockadepolitik nicht immer an das Völkerrecht. Sie hatten fast die ganze Nordsee zum »Kriegsgebiet« erklärt und in internationalen Gewässern Minenfelder angelegt, so dass auch dort kein neutrales Schiff ohne Kontrolle und Lotsendienst passieren konnte.

Die Forderung der deutschen Admiralität nach einem schrankenlosen U-Boot-Krieg erfolgte mit dem rechtfertigenden Hinweis auf die britischen Regelverletzungen. Reichskanzler Theobald von Bethmann Hollweg war sich über die politischen Folgen eines solchen U-Bootkrieges im Klaren und versuchte Tirpitz und seine Leute zu bremsen. Doch der Protest der Admiräle und der Druck der »öffentlichen Meinung« wurden immer stärker. Am 4. Februar 1915 schließlich erklärte die Reichsregierung die Gewässer um Großbritannien zum Kriegsgebiet. Vom 18. Februar an würde dort jedes feindliche Handelsschiff versenkt werden, »ohne dass es immer möglich sein wird, die dabei der Besatzung und den Passagieren drohende Gefahr abzuwenden«. Es könne ebenfalls »nicht immer verhütet werden, dass die auf feindliche Schiffe berechneten Angriffe auch neutrale Schiffe treffen«.

Obwohl der deutschen U-Boot-Führung zugesichert wurde, dass Torpedo-Angriffe auch bei »Verwechslungen« »gedeckt« würden, war den Kommandeuren diese Verordnung nicht radikal genug. »Wenn es nach uns U-Boot-Kapitänen gegangen wäre«, so Max Valentiner, »dann hätten wir uns mit unseren Booten rings um England gelegt und alles versenkt, was uns in den Weg gekommen wäre. Wir hätten auch nachts mit Torpedos unser Geschäft fortsetzen können, und England hätte sich in unserer Klammer sicher nicht lange wohlgefühlt. Es hätte Frieden schließen müssen. Aber es ging nicht nach uns. Die Regierung befahl uns, jeden Dampfer, den wir anhielten, gründlich zu durchsuchen. Erst wenn wir ganz sicher waren, dass die neutrale Flagge des Dampfers falsch war oder der Dampfer Konterbande an Bord führte oder im Dienste der Alliierten stand, durften wir ihn versenken. Bei diesem Vorgehen mussten wir natürlich mehr Fahrzeuge laufen lassen, als wir versenken konnten (...) Unsere U-Boote hätten in den ersten Tagen pro Tag eine Million Tonnen versenken können. Wenn wir alles ohne Untersuchung hätten abschießen dürfen, hätte jedes U-Boot dreißig Fahrzeuge mit hunderttausend Tonnen pro Tag erledigen können, ohne dass wir mehr Arbeit gehabt hätten.«

Die »Arbeit« in der Nordsee gefiel Valentiner nicht, sie war ihm zu »langwierig«, deshalb beantragte er ein neues Jagdrevier im Mittelmeer und begründete das geradezu goethezeitlich: »Es packt vielleicht jeden Deutschen einmal diese Sehnsucht nach dem Süden, diese immer wieder betrogene Hoffnung des Nordländers, in Sonnenglanz und Bläue dem Sinn des Lebens nahe zu sein.« Und bei der Auswahl einer neuen Tarnfarbe für die südlichen Gefilde kam ihm seine kunsthistorische Bildung zugute: »Die Nordsee ist grau. Folglich wurden die U-Boote grau angestrichen, so dass sie eine gute Schutzfarbe hatten. Aber wir fuhren ins Ägäische Meer. Böcklin hat das Ägäische Meer gemalt. Ich kannte Böcklin und konnte mir also erlauben, ihn als meinen Lehrmeister für den Anstrich von U-Booten anzusprechen (...) Ich ließ ›U38‹ also knallblau anstreichen, wie das Meer auf Böcklins Bild ›Im Spiel der Wellen‹. Die Farbe war wunderbar, und wir waren im Mittelmeer durch das satte Blau tadellos geschützt.«

Da im Mittelmeer vor allem mit offenen Kaperfahrten zu rechnen war, versuchte Valentiner auch sein Boot entsprechend umzurüsten. Seine Bitte an die Marinebaumeister, die zur Sicherheit eingebauten Schotten »herauszuschneiden und für das dadurch gewonnene Gewicht mehr Munition mitzunehmen« wurde abgelehnt. Musste er sich diesem Bescheid fügen, war er aber nicht bereit, auf ein zweites, zusätzliches Geschütz zu verzichten und »besorgte« sich privat eine weitere »halbautomatische Schnelladekanone«. So ausgerüstet, wurde Valentiner zu

Der Erfolg des U-Boot-Kriegs wurde in Tonnen gemessen.
Deutsches Propaganda-Plakat aus dem Jahr 1918.

einem der skrupellosesten Jäger im Mittelmeer. Sein internationaler Ruf als Kriegsverbrecher verfestigte sich, als er am 8. November 1915 das italienische Passagierschiff »Ancona« und am 30. Dezember ohne Vorwarnung den englischen Zivildampfer »Persia« torpedierte. Bei beiden Angriffen kamen insgesamt 551 Menschen ums Leben.

Nach Kriegsende wurde Valentiner von den Siegermächten Frankreich, Großbritannien und Italien wegen »grausamer und unmenschlicher Behandlung der Menschheit« angeklagt. Die Franzosen bezeichneten seine Kriegsverbrechen als »bestalité extraordinaire«. Er selbst schrieb in seinen *Wikingergeschichten* dazu: »Die Engländer und namentlich die Franzosen glaubten, dass die U-Boot-Kapitäne mit großem Hass und innerer Wut ihr Vernichtungswerk durchführten. Diese Meinung ist sehr irrig. Sicherlich gab es einige Ausnahmen, die meisten arbeiteten aber absolut objektiv. Ohne eine Spur von Hassgefühlen versuchten sie dies grausame Handwerk so human wie möglich durchzuführen. Jeder wirkliche Kenner des deutschen Volkscharakters wird meine Ansicht hierüber bestätigen.« (Der letzte Satz ist in der Neuauflage von 2002 gestrichen.) Zu einer Verurteilung Valentiners kam es nicht. Er floh am Ende des Krieges nach Berlin, wo man ihn aus der Liste der Marineoffiziere strich und er eine neue Identität als »Karl Schmidt« annahm. Nach Inkrafttreten des Friedensvertrags von Versailles wurde Valentiner »entlastet« und nachträglich zum Korvettenkapitän befördert. Hitlers Reichsmarine reaktivierte ihn 1934 in diesem Dienstgrad.

Die Kaiserliche Deutsche Marine führte pedantisch Buch über die von ihren U-Booten versenkten Schiffe. Dabei interessierte nicht die Zahl der Opfer, sondern nur der Umfang des »versenkten Schiffraums«, das heißt die Tonnage. Den offiziellen Statistiken nach wurden im Gesamtverlauf des Krieges zivile Schiffe mit einem Umfang von zwölf Millionen BRT versenkt, während man bei Kriegsschiffen nur einen Bruchteil dieser Ziffer erreichte. Die Angaben beruhen zum Teil auf Schätzungen und sind unterschiedlich – einig war man sich aber, dass die Rangliste der »erfolgreichsten« Jäger von dem »U-35«-Kommandanten Lothar von Arnauld de la Perière mit der stolzen Versenkungsziffer von über 500 000 BRT angeführt wurde. Sein größter Konkurrent war Max Valentiner. Für beide war das Mittelmeer das beliebteste und ergiebigste Jagdgebiet, hier konnte man leichte Beute machen.

Andere Kommandeure hingegen, wie Walther Schwieger (»U-20«), Erich von Rosenberg-Gruszcynski (»U-30«) oder Bernhard Wegener (»U-27«) mussten dem Hauptfeind weiterhin in den nördlichen Gewässern Paroli bieten. Hier galt es die Blockade zu brechen, und die Versorgung der britischen Inseln direkt zu stören. Angesichts der tückischen englischen U-Boot-Fallen und immer häufigeren Rammversuchen durch Handelsschiffe waren Schwieger und seine Kameraden hoch erfreut über die Aufforderung des Admiralstabschefs Gustav Bachmann zu mehr Skrupellosigkeit beim Einsatz. In der Anweisung vom

Die »U-9« unter Kapitänleutnant Wedinger im Verbund mit anderen Schiffen der deutschen Hochseeflotte. Aufnahme von 1914.

13. Februar 1915 hieß es: »Es liegt im militärischen Interesse, den U-Boot-Krieg so wirksam wie möglich zu machen. Es ist nicht angebracht, vor der Vernichtung unzweifelhaft feindlicher Passagierdampfer zurückzuschrecken. Deren Verlust wird vielmehr den größten Eindruck hinterlassen.« Damit war auch die »Lusitania« zum Abschuss freigegeben, der deutsche Admiralsstabschef hatte höchstpersönlich ihr Todesurteil unterschrieben. Vollstrecken sollte es knapp drei Monate später der Kommandeur der »U-20«, Kapitänleutnant Walther Schwieger.

Wer war dieser Mann, der mit einem einzigen Torpedoschuss eine Katastrophe auslösen und die Meinung der Welt beeinflussen sollte? Die Informationen sind dürftig, nicht zuletzt deshalb, weil Schwieger, anders als zum Beispiel der mit ihm befreundete Max Valentiner, keinen übersteigerten Drang zur Selbstdarstellung besaß. Seine Notizen in den Bordtagebüchern sind kurz und knapp, an der Herstellung von Propagandatexten hat er sich offensichtlich nicht beteiligt. Schwieger wurde 1885 als Sohn einer angesehenen Berliner Familie geboren, in der es eine lange Berufstradition von Architekten, Baumeistern und Ingenieuren gab. Die Marine war bisher ein ungewohntes Umfeld, doch für Walther Schwieger eröffnete sie eine vielversprechende Karriere. Er begann 1903 als Kadett und wurde nach Ausbruch des Weltkriegs zum Kapitänleutnant ernannt. Sein erstes U-Boot-Kommando hatte er 1912 erhalten und am 16. Dezember 1914 wurde er Kommandeur der »U-20«. Bis zu seinem Tod in einem Minenfeld in der Nordsee am 5. September 1917 sollte Schwieger außer der »Lusitania« noch 48 weitere Schiffe mit insgesamt 184 000 BRT versenken. In der entsprechenden Ranking-Liste der Marine nahm er Platz 6 ein.

Auch an seinem 30. Geburtstag, dem 7. April 1915, war die »U-20« rechtzeitig von einem erfolgreichen Einsatz zum Stützpunkt Emden zurückgekehrt. Nun ging es an Bord hoch her. Aus dem knarrenden Grammophon des Kapitäns, das sonst nur für klassische Entspannungsmusik reserviert war, erklang das beliebte »Matrosenlied« von Herman Löns mit dem Refrain »Wir fahren gegen En-ge-land …«, und die Mannschaft sang gröhlend mit. Selbst am Heiligabend des Jahres 1914 hatte es an Bord der »U-20« eine Feier gegeben, obwohl das Boot sich auf einer Patrouillenfahrt befand. Diese Weihnachtsfeier in der Nordseeeinsamkeit aber war nicht mit den Verbrüderungsszenen zu vergleichen, die während und nach dem 24. Dezember 1914 in den Gräben vor Verdun und den Schlachtfeldern in Flandern stattgefunden hatten. Dort hatten die durch Materialschlachten erschöpften deutschen Soldaten gegen den Willen ihrer Offiziere die Gewehre beiseite gelegt und mit Tannengrün geschmückte Kerzen entzündet. Und als aus ihren Gräben Weihnachtlieder wie »Stille Nacht, Heilige Nacht« erklangen, applaudierten die »Feinde«, und man kam sich im Niemandsland zur Umarmung entgegen. Eine solche christliche Weihnachtsverbrüderung fand in der Nordsee nicht statt. Kerzen konnten schon aus Sicherheitsgründen im Boot nicht angezündet werden. Dafür gab es

Kapitänleutnant Walther Schwieger, der Kommandeur der »U-20«, wurde nach dem Versenken der »Lusitania« mit dem Orden Pour le Mérite ausgezeichnet.

reichlich Dosenfleisch und Tee mit Rum sowie eine Ansprache des Kommandeurs zur Stärkung des Korpsgeistes.

Schwieger war auch äußerlich ein »Wikinger-Typ«: blond, hochgewachsen und breitschultrig. Seine »Seesoldaten« brachten ihm hohe Wertschätzung entgegen und er konnte ihnen vertrauen. Ihr Kapitän zeichnete sich durch Ehrgeiz, Nervenstärke und Wagemut aus. Auch schon vor der Anweisung vom 13. Februar 1915 ging er bei seinen Angriffen rücksichtlos vor. So versenkte er bereits am 30. Januar drei englische Frachter vor Le Havre ohne Vorwarnung. Und im Februar versuchte er das Lazarettschiff »Asturias« zu torpedieren, obwohl es eindeutig durch das Rote Kreuz gekennzeichnet war. Allerdings traf er sein Ziel nicht. Einen Unterschied zwischen militärischen und zivilen Opfern machte er nicht, Sentimentalität war ihm fremd.

Walther Schwieger und seine Kameraden haben sich bewusst als moderne »Wikinger« stilisiert. Sie wussten um die abschreckende Wirkung eines solchen Vergleichs. Und in der Tat fühlten sich die Opfer der deutschen U-Boot-Attacken an jene nordischen »Terroristen« erinnert, die vor über tausend Jahren ganz Europa in Angst und Schrecken versetzt hatten. Blitzartig waren die schwerbewaffneten Seeräuber mit ihren wendigen Langschiffen vor Küsten und Inselufern aufgetaucht, hatten Dörfer und Klöster geplündert, die Bewohner versklavt und alles niedergebrannt, was sie nicht mitnehmen konnten. Nach dem Überfall der Wikinger auf das englische Inselkloster Lindisfrane klagte der berühmte Gelehrte Alkuin: »Niemals zuvor brach ein solches Entsetzen über Britannien herein.« Ein solches Entsetzen sollte auch mit der Versenkung der »Lusitania« verbreitet werden. Es ging um einen Befreiungsschlag der deutschen »Helden« gegen die vermeintliche Heuchelei und Bequemlichkeit der angelsächsischen »Krämerseelen«.

Protokoll der Katastrophe

Ab Herbst 1914 war die »Lusitania« das letzte verbliebene große Passagierschiff auf der Nordatlantikroute, da alle anderen vergleichbaren Dampfer – einschließlich der »Mauretania« – als Truppentransporter, Hilfskreuzer oder Lazarettschiffe eingesetzt wurden. Für die deutsche Marine bedeutete das eine besondere Provokation: Während nicht nur ihre Kriegsflotte, sondern ebenfalls die neuen Schnelldampfer »Imperator« und »Vaterland« in den Häfen festsaßen, überquerte ein großer englischer Luxus-Liner weiterhin demonstrativ ohne Begleitschutz regelmäßig den Ozean. Weil die »Lusitania« nach Kriegsausbruch noch 17 Überfahrten unbeschadet überstand, galt sie den Deutschen als ein »freches Symbol der englischen Seeherrschaft und einer immer noch komfortablen Zivilisation«, wie Thomas Mann es ausdrücken sollte.

Für die Engländer war sie ein sicheres Schiff, weil sie wegen ihrer hohen Geschwindigkeit und ihrer guten Manövrierfähigkeit als Ziel für einen Torpedoangriff nicht in Frage zu kommen schien. Doch schon im Februar und März 1915 machten die deutschen U-Boote »U-30«, »U-27« und »U-20« gezielt Jagd auf den Dampfer, scheiterten aber offensichtlich am Konkurrenzverhalten ihrer Kommandeure. So lag die »U-27« schon Ende Februar an der Zufahrtsroute nach Liverpool auf der Lauer und ließ kleinere Handelsschiffe ungeschoren passieren, weil sie auf einen großen Fang aus war. Kommandeur Bernhard Wegener hatte erfahren, so die Notizen in seinem Kriegstagebuch, dass die »Lusitania« demnächst »in den englischen Gewässern zu erwarten war«, und er glaubte in seiner »jetzigen Position günstige

Angriffsaussichten« zu haben. Doch er wartete vergeblich. Die »Lusitania« war durch unkoordinierte Aktionen anderer U-Boote gewarnt. Als sie in den St. Georgs-Kanal zwischen Irland und Wales einfahren wollte, erhielt der damalige Kapitän David Dow per Funk die Information, dass ein U-Boot (die »U-20«) ganz in der Nähe den Frachter »Bengrove« torpediert hatte und zuvor zwei weitere Handelsschiffe im gleichen Gebiet (von der »U-30«) versenkt worden waren. Dow steuerte die »Lusitania« durch Kursänderung zwar heil an ihr Ziel, weigerte sich jedoch nach diesen bedrohlichen Vorkommnissen, für weitere Fahrten die Verantwortung zu übernehmen. Im März 1915 wurde er durch Kapitän William Thomas Turner abgelöst, der das tragische, letzte Kommando auf dem Schiff führen sollte.

Turner war ein gänzlich anderer Typ als sein Vorgänger. Während der weltgewandte Dow glänzend mit den noblen Passagieren der Ersten Klasse zu parlieren wusste und sich auch nicht scheute, Beschwerden persönlich beim Cunard-Präsidenten vorzubringen, war der stämmige Turner eher als schweigsam und schroff bekannt. Passagiere, die sich an seinen Dinner-Tisch drängten, soll er im breiten Liverpooler Akzent als »einen Haufen verdammter Affen, die ständig plappern«, bezeichnet haben. Er vernachlässigte zweifellos seine gesellschaftlichen Pflichten als Kapitän eines Luxusdampfers, stand aber im Ruf ein fähiger Seemann zu sein. Turner war damals 59 Jahre alt und hatte die Höhepunkte seiner Karriere bereits hinter sich. Schon einmal, von 1908 bis 1910, hatte er auf der »Lusitania« das Kommando geführt, bevor er dann die »Mauretania« übernahm und mit ihr einen neuen Rekord im Wettbewerb um das »Blaue Band« aufstellte.

Turner stammte aus einer alten Kapitänsfamilie und hatte früh den Seemannsberuf erlernt. Er begann als Schiffsjunge auf einem Windjammer, überlebte zahlreiche Stürme und Havarien und kam im Alter von 22 Jahren zur Cunard-Linie, wo sich sein Aufstieg wegen seiner ungeschliffenen Umgangsformen verzö-

Kapitän William Turner übernahm im März 1915 – wenige Monate vor ihrer Versenkung – das Kommando über die »Lusitania«.

gerte. Erst nach einer längeren Offizierszeit erhielt er das Kapitänspatent und übernahm mit 47 Jahren sein erstes Kommando über einen größeren Liniendampfer, die »Aleppo«. Als Kapitän der »Lusitania« und der »Mauretania« gewann er an Ansehen, so dass man ihm bei Kriegsausbruch den Hilfskreuzer »Aquitania« anvertraute. Wenig später kommandierte er die zum Truppentransporter umgebaute »Transylvania«, mit der ihm im Januar 1915 die dramatische Flucht vor einem angreifenden U-Boot gelang. Als er im März 1915 erneut Kapitän der »Lusitania« wurde, besaß er zwar Erfahrungen mit Kriegszonen und Blockaden, schien aber die gewachsene U-Boot-Gefahr zu unterschätzen.

Nach der Ablösung David Dows inspizierte Turner die »Lusitania« gründlich und hatte einiges zu beanstanden. So beschwerte er sich über die mangelhafte Ausbildung der Mannschaft, den schlechten Zustand der Rettungsboote und die Leistung der Turbinen. Seine Forderungen nach Behebung technischer Mängel am Schiff und den Rettungseinrichtungen wurden weitgehend erfüllt, nicht aber die nach Erhöhung von Besatzungsstärke und Ausbildungsstand. Die Reduzierung der Besatzung um 250 Mann erklärte sich vor allem durch die Schwierigkeit, für den Verlust eingezogener Marinereservisten qualifizierten Ersatz zu bekommen. Der Entschluss hingegen, nur drei der insgesamt vier Kesselräume in Betrieb zu nehmen, war eindeutig eine kriegsbedingte Sparmaßnahme. Die Reederei wollte dadurch pro Überfahrt 1 600 Tonnen Kohle sparen. Damit nahm man aber auch eine Senkung der Höchstgeschwindigkeit von 26 auf 21 Knoten und der Reisegeschwindigkeit von 24 auf 18 Knoten in Kauf. Der Cunard-Aufsichtsrat schien sich sicher, dass die »Lusitania« auch trotz dieser Leistungseinschränkung jedem deutschen U-Boot entkommen könnte. Dennoch hatte der Kapitän die Anweisung bekommen, über die Sparmaßnahmen nicht zu sprechen.

Die Tragödie der »Lusitania«

Diese Anweisung sollte am Morgen des 1. Mai 1915, dem Tag, an dem die »Lusitania« zu ihrer 202. (und letzten) Überfahrt auslief, eine aktuelle Bedeutung bekommen. Kapitän Turner saß gerade beim Frühstück in seiner Kabine, als der Steward ihm die *New York Tribune* reichte, in der, wie in allen anderen großen amerikanischen Zeitungen, ein warnender »Hinweis« der deutschen Botschaft vom 22. April mit folgendem Inhalt abgedruckt war: »Reisende, die sich anschicken, den Atlantik zu überqueren, seien daran erinnert, dass Deutschland und seine Verbündeten mit Großbritannien und dessen Verbündeten im Krieg stehen; dass das Kriegsgebiet die Gewässer nahe den Britischen Inseln einschließt; dass laut formell ergangenem Hinweis Schiffe, die die Flagge Großbritanniens oder seiner Verbündeten führen, der Gefahr der Versenkung in diesen Gewässern unterliegen und dass Reisende, die auf Schiffen Großbritanniens oder seiner Verbündeten das Kriegsgebiet befahren, dies auf eigene Gefahr tun.«

Als der Kapitän auf die Brücke des Schiffes trat, konnte er sehen, dass die für einen Abfahrtstag übliche Hektik am Pier

Mit dieser Anzeige warnte die deutsche Regierung in amerikanischen Tageszeitungen vor der Überquerung des Atlantik auf englischen Schiffen.

durch einen außergewöhnlichen Presserummel noch verstärkt wurde. Automobile und Pferdedroschken hatten das westliche Ende der zum Hafen führende 14th Street nahezu vollständig verstopft, und in die Abschiedsszenen zwischen Passagieren und ihren Angehörigen drängten sich die Fotografen. Inzwischen war auch Charles Sumner, Cunards Generalvertreter in New York, am Pier 54 eingetroffen, um Journalistenfragen zu beantworten und die Passagiere zu beruhigen. Seine Botschaft lautete: »Die Deutschen bemühen sich nun schon seit geraumer Zeit, unser Geschäft zu stören, doch bis heute hat es noch keine derart deutliche Erklärung gegeben, uns ruinieren zu wollen. Tatsache aber bleibt, dass die Lusitania zu schnell für jedes Unterseeboot ist. Kein einziges deutsches Kriegsschiff kann sich ihr nähern.« Allerdings erreichte Sumner mit seinen beruhigenden Worten nicht alle Passagiere, einige blieben irritiert über das ungewöhnliche Interesse der Presse, das nicht nur den prominenten Mitreisenden galt.

Zur Entspannung der Situation trug auch nicht bei, dass der von einer ansehnlichen Entourage begleitete Multimillionär Alfred Gwynne Vanderbilt vor Betreten der Gangway den Pressevertretern das Gerücht bestätigte, er habe ein anonymes Telegramm erhalten mit der Warnung: »Das Schicksal der ›Lusitania‹ ist besiegelt. Fahren Sie nicht mit!« Vanderbilt selbst trug Gelassenheit zur Schau und tat das Telegramm mit der Bemerkung ab, dass da wohl jemand »einen kleinen Scherz« auf seine Kosten getrieben habe. Auch die meisten der anderen Passagiere beruhigten sich schnell. Der Anblick des majestätischen Dampfers, der die Kaimauer überragte wie ein Wolkenkratzer, löste ein Gefühl des

Die Abfahrtsvorbereitungen waren in vollem Gang – an den Gangways stauten sich die Warteschlangen, und die Gepäckstücke landeten schnell und sicher auf den Förderbändern. Im Bauch des Schiffes hatten die Heizer und Maschinisten bereits über Nacht durch harte Arbeit die nötigen Maßnahmen getroffen, um die Kessel unter Druck zu setzen, so dass schon am frühen Morgen aus drei der vier Schornsteinen dunkler Rauch aufstieg. Die Abfahrtszeit sollte sich aber noch um einige Stunden verzögern, weil überraschend weitere Passagiere aufgenommen werden mussten. Sie hatten ihre Überfahrt eigentlich für die »Cameronia« gebucht, doch die war von der englischen Marine kurzfristig als Truppentransporter requiriert worden. Auf der »Lusitania« waren noch genügend Kabinen frei, obwohl nur ganz wenige Passagiere wegen der deutschen Warnung auf den Antritt ihrer Reise verzichten wollten. Wie die endgültige Passagierliste dokumentiert, war allerdings die Zweite Klasse überfüllt. Hier mussten sich 601 Menschen die eigentlich nur für 460 Plätze gedachten Kabinen teilen. Der Grund für den besonderen Ansturm auf diese Klasse war ein preisgünstiges Sonderangebot der Reederei.

Relativiert wurde der Platzmangel jedoch durch die Unterbringung einer ungewöhnlich großen Zahl von mitreisenden Kindern in den Kabinen der Eltern. Bequemer hatten es die 291 Passagiere, die sich die Überfahrt in der für 552 Personen ausgelegten luxuriösen Ersten Klasse (»Salon-Klasse«) leisten konnten. Aus kriegsbedingten Gründen waren aber auch von den 1 200 Plätzen der dritten Klasse lediglich 373 belegt. Insgesamt wurden 1 265 Reisende registriert, davon waren 949 Briten (wozu man auch Iren, Kanadier und Australier rechnete), 189 US-Amerikaner, 71 Russen, 15 Perser sowie einzelne Argentinier, Belgier, Dänen, Finnen, Franzosen, Griechen, Holländer, Inder, Italiener, Kubaner, Mexikaner, Norweger, Schweizer und Spanier. Hinzu kamen 701 Besatzungsmitglieder und drei »blinde Passagiere«, die man erst nach dem Auslaufen des Schiffes in den Laderäumen entdecken sollte.

Die Klassenzuordnung der Passagiere erfolgte schon vor Betreten des Schiffes am Kai. Für jede der drei Gruppen war ein gesonderter Zugang vorgesehen. Die Blicke der Schaulustigen und die Kameras der Fotografen richteten sich vor allem auf die mittlere Gangway, die zu den Luxuskabinen führte. Hier zelebrierten Mitglieder der High Society ihren Abschied von New York wie eine Modenschau oder Theatervorstellung. Man schritt würdevoll, demonstrierte Eleganz und Muße. Die Passagiere der Zweiten Klasse waren unauffällig und diszipliniert, während die der Dritten Klasse es besonders eilig hatten, auf das Schiff zu gelangen – mit Ausnahme einer russischen Emigrantenfamilien, die als »Deportierte« gegen ihren Willen das Land verlassen musste. Während die meisten Passagiere nach Betreten des Decks mit der Einsortierung ihres Gepäcks beschäftigt waren, überließ man in der Luxusklasse diese Arbeit den Bediensteten und wartete selbst gelangweilt auf die Abfahrt.

Eine der auffälligsten Gestalten auf dem Deck der Ersten Klasse war der hochgewachsene und elegant gekleidete Vanderbilt. Wie immer hatte er eine rosa Nelke im Knopfloch seines dunklen Gehrocks, der sich kontrastreich von der hellen Hose und dem weißen Zylinder abhob. In dieser Aufmachung war er schon oft auf den Pferderennbahnen fotografiert worden – und sie passte auch zu seinem Reiseziel, der Vorstandssitzung der »International Horse Show Association« in London.

Der 38-jährige Alfred Gwynne Vanderbilt stammte aus einer der reichsten Familien Amerikas. Begründer des Familien-Clans war der New Yorker »Schiffs-und Eisenbahnkönig« (»Railroad-Tycoon«) Cornelius Vanderbilt (1794–1877) gewesen. Alfred Gwynne schien jedoch wenig von den unternehmerischen Qualitäten seines Vorfahren geerbt zu haben – auch die Presse interessierte sich vor allem für seine zahlreichen Affären. Im privaten Umgang wirkte er durchaus sympathisch und fast bescheiden – ganz im Gegensatz zu dem Schriftsteller und Zeitschriftenverleger Elbert Hubbard aus Illinois, der am Morgen des 1. Mai 1915 neben ihm an der Reeling der »Lusitania« lehnte. Obwohl Hubbard längst selbst ein Bestsellerautor war – sein biografischer Essay über den kubanischen General Garcia (*A Message to Garcia*) sollte es auf eine Gesamtauflage von 40 Millionen Exemplaren bringen – wirkte er in seiner äußeren Erscheinung immer noch wie das Imitat seines Vorbilds Mark Twain. Auch diesmal war die Ähnlichkeit in der Aufmachung unverkennbar: Breitkrempiger Stetson, weite Cordhose, langer Mantel und Seidenschal. Den Mitreisenden verkündete Hubbard lauthals, dass er »persönlich« nichts dagegen hätte, wenn die »Lusitania« versenkt würde. »Für mich wäre das gut«, erklärte er. »Ich würde mit dem Schiff untergehen und hätte die Möglichkeit, in die Ruhmeshalle einzugehen.«

Dass ihn dieses Schicksal nur wenige Tage später zusammen mit seiner Ehefrau Alice Moore, einer bekannten Frauenrechtlerin, tatsächlich ereilen sollte, hat Hubbard nicht geahnt und auch nicht wirklich gewollt. Der Grund seiner Reise war die Hoffnung auf ein Sensationsinterview mit dem deutschen Kaiser. In seiner Zeitschrift *The Phillistine* hatte der Publizist den Kaiser als den Verantwortlichen für deutsche Kriegsverbrechen in Belgien angeprangert und wollte ihm dazu Fragen stellen. Großes Interesse an der Vermarktung eines solchen Interviews zeigte der mitreisende Bostoner Literaturagent und Buchhändler Charles Emilius Lauriat, dessen Kabine sich in unmittelbarer Nähe der Hubbards befand. Der damals 40-jährige Lauriat war ein erfahrener Transatlantikreisender, der die Fahrt auf der »Lusitania« als ein Jubiläum zelebrierte: seine 25. Ozean-Überquerung. Er hat sie überlebt und veröffentlichte noch im gleichen Jahr (1915) seinen Augenzeugenbericht *The Lusitania's Last Voyage*.

Wenig Neigung, sich vor der Abfahrt auf dem Deck zu zeigen, verspürte der ebenfalls sehr prominente Theaterdirektor und Produzent Charles Frohman. Aus einer jüdischen Einwandererfamilie stammend, hatte er in New York die Bilderbuchkarriere eines Selfmademan gemacht, den Aufstieg vom Zeitungsausträger zum Theaterbesitzer und Börsenmakler. Als seine erfolgreichste Produktion gilt das weltbekannte Stück *Peter Pan*. Die »Lusitania«-Passage hatte er gebucht, um sich, wie jedes Jahr, in Europa persönlich über Theaternovitäten und neue Stars zu informieren. Diesmal interessierte er sich für den Auftritt der französischen Tänzerin, Sängerin und Schauspielerin Gaby Deslys am Duke of York Theatre in London. Der Grund dafür, dass er sich gleich in die Schiffskabine zurückzog, war nicht nur die allgemeine, notorische Öffentlichkeitsscheu des Theatermanagers, sondern hatte auch etwas mit seinen gesundheitlichen Problemen zu tun. Seit einem Unfall im Jahr 1912 konnte er sich ohne Hilfe kaum fortbewegen. Über Frohmans Privatleben war so gut wie nichts bekannt. Über sein Verhältnis zu den Frauen, die ihn auf seinen Reisen begleiteten, sprach er selbst nie. Man ahnte aber, dass seine Begleiterinnen nicht nur »Krankenschwestern« waren. Und so wurde auch an Bord der »Lusitania« mit klatschsüchtiger Neugierde registriert, dass sich die beiden mitreisenden Schauspielerinnen Rita Jolivet und Josephine Brandell, die ihre Broadway-Karrieren maßgeblich Charles Frohman zu verdanken hatten, mit rührender Sorgfalt um das Wohlergehen ihres Mäzens kümmerten. Doch sie waren nicht seine »Begleiterinnen«, sondern reisten aus unterschiedlichen privaten und beruflichen Gründen.

Die Französin Rita Jolivet hatte nach ihrem ersten großen Hollywood-Erfolg »Fata Morgana« ein neues Filmprojekt unterbrochen, um in Frankreich ihren jüngeren Bruder noch einmal vor seinem Fronteinsatz zu treffen. Und die Engländerin Josephine Brandell pendelte schon seit Jahren regelmäßig mit der »Lusitania« zwischen Amerika und England, um Vertragsverpflichtungen am Broadway und am Londoner Opera House zu erfüllen. Während Rita Jolivet die durch die Verzögerung der Abfahrt entstandene Wartezeit nutzte, sich an der »Modenschau« auf dem Luxusdeck zu beteiligen, zog es die ängstliche Josephine Brandell vor, mit ihrer Freundin Mabel Crichton in deren Kabine noch einmal die Risiken der Überfahrt zu diskutieren.

Mit ernsthafter Zurückhaltung wartete auch Marie Depage, die Frau des Vorsitzenden des belgischen Roten Kreuzes, auf das Auslaufen der »Lusitania«. Sie hatte als Sonderbotschafterin der

Zu den prominenten Passagieren gehörten auch die französische Schauspielerin Rita Jolivet und der amerikanische Multimillionär Alfred Gwynne Vanderbilt.

belgischen Königin in den USA Vorträge gehalten, um Spenden für die medizinische Versorgung von Kriegsopfern zu sammeln. Nun wollte sie zusammen mit dem amerikanischen Arzt James T. Houghton, den sie als Unterstützer ihres Hilfskomitees gewonnen hatte, die Rückreise antreten. In Brüssel wurden sie dringend erwartet, vor allem von ihrer Mitarbeiterin Edith Cavell, einer englischen Krankenschwester und Leiterin der medizinischen Bildungsanstalt.

Marie Depage sollte in Brüssel nicht ankommen. Aber auch Edith Cavell wurde nur wenige Monate später ein Opfer der Kriegsgewalt. Ein Militärgericht der deutschen Besatzungsmacht hatte die Krankenschwester für schuldig befunden, verwundeten englischen und französischen Kriegsgefangenen zur Flucht verholfen zu haben, und ließ sie am 12. Oktober 1915 »standrechtlich« erschießen. Der ungerührte Kommentar des zuständigen Sanitätsarztes Gottfried Benn lautete: »Sie hatte als Mann gehandelt und wurde von uns als Mann bestraft.«

Marie Depage war am Tag ihrer Abreise offenbar von dunklen Vorahnungen erfüllt. Sie machte sich große Sorgen über die brutalen Unterdrückungsmaßnahmen der deutschen Besatzer in Belgien. Nach ihren neuesten Informationen hatten die Deutschen, um die Massenflucht in die Niederlande zu stoppen, begonnen, einen Grenzzaun zu errichten, der unter tödlicher Stromspannung stand und Tausende von Opfern fordern sollte. James Houghton, ihr Begleiter, bemühte sich vergeblich, ihre dunklen Gedanken zu vertreiben. Die ungenügende Aufklärung der Passagiere über die Ursachen der sich immer weiter hinauszögernden Abfahrt der »Lusitania« war nicht dazu angetan, düstere Stimmungen zu verbessern.

Besonders ungeduldig reagierten die zahlreichen Kinder auf die Verzögerung. Während auf dem Schutzdeck der Ersten Klasse ein von Stewardessen betreuter Kindergarten eingerichtet war, mussten die Eltern der Zweiten und Dritten Klasse sich immer wieder selbst um die Disziplinierung der unternehmungslustigen kleinen Passagiere kümmern. Gegen 12.30 Uhr war es endlich soweit. Die »Lusitania« antwortete auf die Sirene eines Schleppers mit drei dumpfen Hornsignalen und legte ab. Am Kai schwenkten die zum Abschied gekommenen Menschen Hüte, Tücher und Fähnchen, und die Passagiere an Bord winkten zurück. Eine gewaltige Bugwelle vor sich herschiebend und viel Heckschaum hinterlassend glitt der Riesendampfer den Hudson hinab. Als mit zunehmender Entfernung die Umrisse der Freiheitsstatue und der Türme von Manhattan immer kleiner und unschärfer wurden, wechselte bei manchen Reisenden die Erleichterung doch immer wieder mit einem Gefühl der Unsicherheit. Es gab endgültig keine Möglichkeit mehr zur Umkehr.

Einen Tag vor dem Auslaufen der »Lusitania«, am frühen Morgen des 30. April, hatte auch die »U-20« ihren Heimathafen Emden an der deutschen Nordseeküste verlassen und steuerte einen nordwestlichen Kurs. Es gab eine mündliche und eine schriftliche

Order. Ob die mündlichen Instruktionen detaillierte Hinweise auf Kurs und Zeitplan der »Lusitania« enthielten, ist nicht bekannt, aber zu vermuten. In der offiziellen, schriftlichen Version des Einsatzbefehls hieß es: »Große englische Truppentransporte zu erwarten ausgehend von Liverpool, Bristolkanal, Dartmouth. Stationen auf schnellstem Wege um Schottland aufsuchen, aushalten, solange Vorräte reichen. Anzugreifen sind Transporter, Handelsschiffe, Kriegsschiffe.«

Kapitänleutnant Schwieger war ein vorsichtiger Kommandant, der überlegte, wie er angesichts der aktuellen Situation mit der Faustregel »auf schnellstem Wege« umzugehen hatte. Bei früheren Einsätzen hatte er noch den kürzeren Weg durch die Meerenge von Dover nehmen können, doch diese Strecke war inzwischen angesichts der Präsenz der britischen Marine mit Patrouillenbooten, Minen und Drahtnetzen zu gefährlich geworden. Deshalb entschied er sich für eine längere und sichere Route. Um der britischen Marine auszuweichen, musste Schwieger sein U-Boot um die Britischen Inseln herumführen und dann wenden, um das vorgesehene »Jagdgebiet« in der Irischen See zu erreichen. So lag noch eine Gesamtstrecke von nahezu 5 000 Kilometern vor der »U-20«, als sie die Insel Borkum passierte. Das dieselelektrisch betriebene Boot erreichte unter Wasser eine Geschwindigkeit von neun und über Wasser von 15 Knoten. Bewaffnet war die »U-20« mit einem 88-mm-Geschütz und sieben mit einem TNT-ähnlichen Sprengstoff geladene Torpedos, die aus vier Rohren – zwei am Bug und zwei am Heck – abgefeuert werden konnten. Das Boot fuhr mit der üblichen Kriegsbesatzung von 40 Mann, die sich den engen Platz in der feuchten Stahlröhre mit dem Torpedostapel und der Proviantladung teilen mussten. Der Einsatz war strapaziös und gefährlich, aber Schwieger wusste, dass er sich auf seine Mannschaft verlassen konnte. Sein besonderes Vertrauen galt dem erfahrenen Lotsen Lanz, dem Funker Otto Rikowsky und dem Torpedooffizier Raimund Weisbach.

Berichte, dass zu der Besatzung der »U-20« auch »ein junger Elektriker Charles Voegele aus dem Elsaß« gehört habe, der sich den Einsatzbefehlen zur »Lusitania«-Torpedierung widersetzen wollte, sind ebenso Erfindung wie der Mythos vom Überlebenskünstler »Frank Tower«, der als »Heizer« nicht nur den Untergang der »Lusitania«, sondern auch die Katastrophen der »Titanic« und der »Empress of Ireland« überlebt haben soll. Belegt hingegen ist, dass sich Schwieger an Bord der »U-20« einen Dackel als Maskottchen hielt, den er von seinem Vorgänger Otto Dröscher übernommen hatte und dem er mehr Freiheiten gewährte als seinen Männern. Doch auch »der Kommandant selbst« war, wie ein Kampfgefährte es beschrieb, »während der ganzen Ausfahrt in Kriegszeiten im Dienst, und er hatte nur selten Gelegenheit, sich in seiner winzigkleinen Kabine auszuruhen. Wenn es auch nur den Hauch eines Hinweises auf feindliche Annäherung gab, wachte er Tag und Nacht auf der Brücke hoch oben auf dem Turm; denn nur wenige Sekunden Zögern abzutauchen konnten die Chance auf die heiß begehrte Beute zunichte machen. Also lernte er, ohne Schlaf auszukommen oder ein paar kurze Sekunden Ruhe zu finden, indem er sich in seiner nassen Kleidung hinlegte, und er war sofort bereit, auf das Warnsignal des Offiziers auf Wache zu reagieren.«

Eine solche angespannte Situation entstand auch am 1. Mai, als sich die »U-20« der Dampferroute näherte, die zum Firth of Forth an der Ostküste Schottlands führte. Wegen starken Nebels musste Schwieger auf Angriffe verzichten und gab den Befehl zum Tauchen. Einen Tag später war erneut seine Geistesgegenwart gefordert, als sich sechs britische Zerstörer in breiter Front näherten. Buchstäblich in letzter Sekunde gelang es dem U-Boot, die notwendige Sicherheitstiefe von 15 Metern zu erreichen. Am Abend waren die Batterien so stark beansprucht, dass sie an der Wasseroberfläche aufgeladen werden mussten. »Hätten nördlich der Linien erneut Zerstörer patroulliert, so wäre die Situation kritisch geworden«, notierte Schwieger in seinem Kriegstagebuch. Als die »U-20« wenig später den Nordatlantik erreichte, war schönes, klares Wetter. Die Stimmung der Besatzung besserte sich augenblicklich.

Auch auf dem Promenadendeck der »Lusitania« vertrieben die milde Frühlingsluft und der angenehme Atlantikwind trübe Gedanken – die meisten Passagiere hatten sich an das Leben in einer »schwimmenden Gemeinschaft« gewöhnt. Reisende der Dritten Klasse, wie die 12-jährige Elsie und der 11-jährige Frank Hook aus Toronto, erfuhren allerdings rasch, dass es auch soziale Schranken an Bord gab. So war ihnen der Zutritt zur Ersten und Zweiten Klasse nicht gestattet. Ihr Vater, George Hook, hatte ursprünglich Tickets für die Zweite Klasse besorgt, entschloss sich dann aber aus Solidarität kurzfristig, gemeinsam mit der Familie ihrer ehemaligen Haushälterin in der Dritten Klasse zu reisen. Im riesigen Speisesaal der Dritten Klasse ging es gesellig zu und man bekam schnell Kontakt zu anderen Passagieren. Ein wenig abgesondert hatten sich nur kleinere Gruppen russischer Migranten. Zu ihnen gehörte auch die Familie Antila aus dem russisch-finnischen Grenzgebiet, die nach einem vergeblichen Einwanderungsversuch mit ihren beiden Kleinkindern von den New Yorker Behörden als »Deportierte« zur Rückkehr mit der »Lusitania« verpflichtet worden war. Ein wenig aufgeheitert wurden die Verzweifelten von dem 26-jährigen Iwan Michalkowicz aus Chicago, der sich an ihren Tisch gesetzt hatte und von seinen Plänen berichtete, in Europa als Freiwilliger in den Krieg gegen die Deutschen zu ziehen.

Am Abend des 3. Mai klopften die Stewards an die Kabinentüren der Ersten Klasse – nicht nur, um die Einhaltung der Verdunklungsvorschriften zu überprüfen, sondern vor allem, um an das große Festdinner zu erinnern, zu dem Kapitän Turner persönlich geladen hatte. Turner wollte mit diesem feierlichen Akt ein wenig von einzelnen Pannen im bisherigen Reiseablauf ablenken, die durch die kriegsbedingte Personalknappheit entstanden waren. Zu den Marine-Reservisten, die er hatte abgeben müssen, gehörten seine besten Männer. Viele von den Ersatzkräften waren ungeschulte Seeleute, und mancher Steward sprach kaum Englisch. Über diese Probleme hatte der Kapitän sich mit seinem Ersten Offizier John Andersen unterhalten und ihn gleichzeitig um die Erstellung eines Festprogramms und einer Gästeliste mit Tischordnung gebeten.

Obwohl der Offizier sich auf dem gesellschaftlichen Parkett souveräner zu bewegen wusste als sein Kapitän, fiel es auch ihm nicht leicht, die zahlreichen Prominenten aus Wirtschaft, Politik und Kultur in einer sinnvollen Mischung an den verschiedenen Tischen zu platzieren. Dass Alfred Vanderbilt zur Tischrunde Turners gehören musste, war ihm klar – aber wer noch? Generell tat der Kapitän sich schwer, mit Kulturschaffenden und Geistesgrößen ins Gespräch zu kommen – erst recht mit so ausgeprägten Exoten wie Frohman, den Hubbards oder gar der amerikanischen Spiritistin Theodate Pope. Sinnvoller wäre sicherlich eine Einladung an die Schiffseigner Paul Crompton von der »Booth Steamship Company« oder Albert L. Hopkins von der »Newport Shipbuilding and Drydock Company«; und als Tischdamen könnte man die amerikanische Modedesignerin Carrie Kennedy oder Mary Crowther Ryerson, die Ehefrau des Gründers des Kanadischen Roten Kreuzes, vorschlagen. In Frage kamen aber auch der irische Kunstmäzen Sir Hugh Lane oder der amerikanische Ingenieur und Baumanager Frederick Pearson, Schöpfer des Damms von Medina, sowie die Diplomatin Marie Depage oder Anne Shymer, Präsidentin der United States Chemical Company.

Zu seiner großen Erleichterung erfuhr Anderson noch rechtzeitig, dass auch der New Yorker Weinhändler und »Champagnerkönig« George Kessler am gleichen Abend ein Bordfest plante. So konnte man die Einladungen zusammenlegen und die protokollarischen Regeln lockern. Da die berühmten Theaterleute erfahrungsgemäß bei festlichen Anlässen eine eigene Clique bildeten, bedurfte es für sie keiner besonderen Tischordnung. Bei den Einladungen musste man lediglich darauf achten, dass neben Charles Frohman, den Hubbards, Josephine Brandell und Rita Jolivet in jedem Fall auch der englische Schauspieler und Bühnenautor Charles Klein, sein amerikanischer Kollege Justus Forman sowie die aus England stammende und in New York lebende Schauspielerin Amelia Herbert (Macdona) berücksichtigt wurden. Darüber hinaus erschien es Anderson viel versprechend, einige Diplomaten, Geistliche, Wissenschaftler und Publizisten in gesonderten Runden zusammenzubringen: Reverend Basil Maturin (Rektor der St. Clement's Church in Philadelphia), Frederico G. Padilla (Generalkonsul für Mexiko in Großbritannien), den englischen Polarforscher Joseph Foster Stackhouse, Herbert Stone (Verleger und Begründer der amerikanischen Literaturzeitschrift *The Chap Book*), Frances Stephens (Witwe des kanadischen Ministers George Stephens) sowie den Buchhändler Charles E. Lauriat und seinen Freund, den englischen Historiker und Genealogen Lothrop Withington.

Sie alle kamen in der Absicht, das Bordfest am Abend des 3. Mai 1915 als prunkvollen und gesellschaftlichen Höhepunkt ihrer Reise auf der »Lusitania« zu gestalten – als ob sie geahnt hätten, dass es die letzte Fahrt war. Und so bewegten sie sich langsam und würdevoll über den roten Teppich der Vorhalle zu den Speiseräumen, die sich über drei Etagen erstreckten. Das Hauptereignis fand im Restaurant des D-Decks statt, während im oberen Salon auf dem C-Deck unter der hohen Kuppel und zwischen korinthischen Marmorsäulen elitäre Einzelempfänge zelebriert wurden. Alles wirkte friedlich, nirgendwo gab es Katastrophenstimmung. Am späten Abend jedoch, als die Bordkappelle nach Beendigung des offiziellen Dinners zum Tanz aufspielte, kam es zu einem Eklat: Eine größere Gruppe jüngerer Salonpassagiere protestierte lautstark dagegen, dass Musik von Johann Strauss gespielt wurde. Man wollte keinen Wiener Walzer tanzen, sondern einen modischen amerikanischen »Onestep«, jenen schnellen, marschähnlichen Gesellschaftstanz, der als Vorläufer des Foxtrott gilt. Auch wenn einige ältere Paare nach dieser »Störung« den Salon verließen und ihre Kabinen aufsuchten, war allen klar, dass es sich hier nicht um ein musikalisches Generationenproblem handelte, sondern um eine symbolische Spiegelung des Kriegskonflikts zwischen deutsch-österreichischer »Kultur« und westlicher »Zivilisation«.

In der gleichen Nacht, als im Salon der »Lusitania« neue amerikanische Modetänze ausprobiert wurden, befand sich die »U-20« westlich der Hebriden und begann ihre lange Fahrt entlang der schottischen Küste in Richtung Irland. Je näher das Boot dem vorgesehenen »Jagdgebiet« kam, desto häufiger musste Schwieger eingreifen, um ein überlautes Singen der beliebten Strophen »Wir fahren gegen En-ge-land« zu unterbinden. Jetzt kam es auf äußerste Konzentration an. Auch das Grammophon des Kapitäns spielte nicht mehr die munteren Weisen des Radetzky-Marsches, sondern ließ feierlich-tragische Töne von Wagners Opernchören erklingen. Wenn das U-Boot aufgetaucht fuhr, durfte die Wache auf dem Turm durch nichts abgelenkt werden. Ein großer dänischer Frachter war ihnen bereits wegen Unaufmerksamkeit entgangen und ein weiterer Angriff scheiterte daran, dass der Torpedo im Rohr stecken blieb. Auch der Angriff auf den neutralen schwedischen Dampfer »Hibernia« am 4. Mai misslang.

Am 5. Mai gab es endlich eine Erfolgsmeldung. Die »U-20« versenkte vor der Südküste Irlands mit ihren Bordkanonen den kleinen britischen Lastensegler »Earl of Lathom«, wobei sich die fünfköpfige Besatzung mit dem Beiboot retten konnte. Ähnlich erging es am Morgen des 6. Mai dem 5 000 Tonnen-Frachter »Candidate«, auch diesmal kam die Besatzung rechtzeitig in die Rettungsboote. Im dichten Nebel entkommen konnte jedoch wenige Stunden später der 15 000 Tonnen-Dampfer »Arabic« der »White Star Line«. Doch die Gnadenfrist dauerte nicht lange an. Nur drei Monate später versenkte ein anderes deutsches U-Boot die »Arabic« – fast an der gleichen Stelle, an der sich auch das Schicksal der »Lusitania« entscheiden sollte. Am Abend des 6. Mai aber fand die »U-20« doch noch ein Opfer. Ohne Vorwarnung torpedierte sie den britischen Frachter »Centurion« vor Waterford. Das Schiff sank jedoch so langsam, dass sich die Besatzung auch in diesem Fall retten konnte.

Natürlich wurden die Aktivitäten der »U-20« in dem Gebiet, dem sich die »Lusitania« näherte, von den britischen Marinestützpunkten registriert. Noch am Abend des 6. Mai empfing Kapitän Turner aus Queenstown eine Warnung vor der »Anwesenheit von U-Booten«, offenbar verbunden mit der Anweisung, die Geschwindigkeit zu drosseln. Da der britische Geheimdienst über Schwiegers offiziellen Auftrag in der Liverpooler Bucht informiert war, hoffte man, dass die »Lusitania« durch Verlangsamung der Fahrt eine gefährlich U-Boot-Begegnung vor der Südküste Irlands vermeiden könnte. Kurzfristige Kursänderungen in Richtung Queenstown waren nicht ausgeschlossen. Ob Turner Routineanweisungen zum Steuern eines Zick-Zack-Kurses bewusst ignoriert hat, konnte nicht aufgeklärt werden. Obwohl die geheime Nachrichtenabteilung der britischen Admiralität (»Room 40«) seit Oktober 1914 im Besitz des deutschen Funkschlüssels war, gab es immer wieder Pannen bei der Auswertung und eine mangelhafte Koordinierung zwischen den verschiedenen Abteilungen. Sicherheitshalber blieb die Außenbeleuchtung der »Lusitania« in der Nacht ausgeschaltet und die Rettungsboote wurden ausgeschwenkt, als der Dampfer das gefährliche Gebiet erreichte.

Was weder der britische Marinestützpunkt noch Kapitän Turner wissen konnten, war, dass der Kommandant der »U-20« inzwischen den offiziellen Einsatzplan für Liverpool aufgegeben hatte – oder ihn nie hatte durchführen wollen. Das deutsche U-Boot lauerte immer noch vor der Südküste Irlands. In Schwiegers Aufzeichnungen vom Abend des 6. Mai heißt es: »Bei nicht ganz klarer Nacht ist ein Aufpassen über Wasser vor Liverpool auf auslaufende Transporter ausgeschlossen, da begleitende Zerstörer nicht rechtzeitig ausgemacht werden können und anzunehmen ist, dass etwaige Transporter nachts Liverpool verlassen und begleitet werden. Auf dem Marsch bis zum Georg-Kanal ist der Verbrauch an Treiböl bereits so groß geworden, dass eine Rückkehr von Liverpool südlich um Irland herum nicht mehr möglich wäre. Ich will den Rückmarsch antreten, wenn ⅔ vom Treiböl verbraucht sind … Es stehen nur noch 3 Torpedos zur Verfügung, von denen ich nach Möglichkeit zwei für den Rückmarsch aufbewahren will. Es wird daher beschlossen, südlich vom Eingang zum Bristol-Kanal zu bleiben und Dampfer anzugreifen.«

Der Dampfer, den Schwieger besonders im Auge hatte – die »Lusitania« –, befand sich zu diesem Zeitpunkt kaum mehr als 100 Meilen entfernt und näherte sich schnell. In der Nacht vom 6. auf den 7. Mai hatte Kapitän Turner besondere Sicherheitsmaßnahmen veranlasst. Obwohl alle zwei Stunden die Ausguckposten gewechselt wurden und der Kapitän am Vorabend eine beruhigende Ansprache gehalten hatte, schliefen viele Passagiere unruhig. Am frühen Morgen des 7. Mai passierte die »Lusitania« den der südirischen Küste vorgelagerten Felsenturm Fastnet Rock. Doch er war nicht zu erkennen, da sich starker Nebel ausgebreitet hatte und die Sicht nur noch 30 Meter betrug. Turner setzte das Nebelhorn ein, vor allem auch als Signal für den in der Nähe vermuteten Kreuzer »Juno«, der ursprünglich als Begleitschutz für die letzte Strecke vorgesehen war. Doch der hatte die Order erhalten, nach Queenstown zurückzukehren. Am späten Vormittag hörte die Mannschaft der »U-20«, wie sich der Kreuzer mit dröhnenden Schiffsschrauben über sie hinweg bewegte. Nach 20 Minuten war wieder Stille eingekehrt und Schwieger ließ auf Sehrohrtiefe auftauchen. Der Nebel hatte sich verzogen, die Sonne schien und die »Juno« war verschwunden. 20 Meilen voraus hatte die Morgensonne auch für die »Lusitania« den

Die Lusitania auf ihrer Fahrt über den Atlantik. Aufnahmedatum unbekannt.

Nebel vertrieben und den Blick auf die irische Küste freigegeben. Während die meisten der Passagiere sich zum Lunch in den Speisesälen eingefunden hatten, konnten einige sich vom Anblick des nahen Landes nicht lösen. Sie standen an der Reling des Promenadendecks und betrachteten durch Ferngläser die immer deutlicher werdenden Umrisse des Old Head of Kinsale. Bald würden sie am Ziel ihrer Reise sein. Auch Turner war erleichtert, als der markante Felsen mit dem Leuchtturm in Sicht kam. Sein Schiff war jetzt nur noch 18 Meilen von der Küste und knapp 25 Meilen von Queenstown entfernt, wo die »Juno« ohne Zwischenfall eingetroffen war.

Es war 13.20 Uhr als die »Lusitania« in das Blickfeld von Schwiegers Periskop geriet. Etwa zwölf Meilen vor ihm tauchte eine Rauchfahne auf und dann ein riesiger Ozeandampfer, »über 25 000 Tonnen«, wie es im Logbuch heißt, »mit vier Schornsteinen und zwei Masten«. Für den U-Boot-Kapitän und seinen Lotsen Lanz muss sofort klar gewesen sein, dass sie die »Lusitania« geortet hatten. Schwieger schätzte die Geschwindigkeit des Dampfers, der sich parallel zur Küste bewegte, auf 20 Knoten und sah kaum eine Chance, rechtzeitig in Schussweite zu kommen. Da geschah etwas Unerwartetes, das Schiff bog plötzlich um etwa 30 Grad nach Steuerbord ab. Offensichtlich nahm es direkten Kurs auf Queenstown und brachte sich so selbst in die beste Position für einen Torpedoangriff. Schwieger ließ sofort abtauchen und pirschte sich mit der höchstmöglichen Unterwassergeschwindigkeit an sein Opfer heran. Um in die günstigste Angriffsposition zu kommen, musste der Steuermann die richtige Höhe für das Boot taxieren. Während der Torpedo zum Abschuss vorbereitet wurde, herrschte an Bord gespannte Stille. Als sich die »U-20« der »Lusitania« bis auf 700 Meter genähert hatte, gab Schwieger den Feuerbefehl. Ein leichtes Zittern durchlief das Boot und der scharfgemachte Torpedo verließ mit einem Zischen das Rohr. Der Druckluftbetrieb brachte die beiden Propeller dazu, sich in entgegengesetzter Richtung zu drehen, um das Projektil gerade zu halten und mit einer Geschwindigkeit von 22 Knoten vorwärts zu treiben.

Auf der »Lusitania« erkannte der Steuerbordausguck Leslie Morton als erster die tödliche Gefahr. In etwa 800 Meter Entfernung entdeckte er eine große Luftblase auf der Meeresoberfläche und »ein paar Sekunden später«, so sein Bericht, erschienen »zwei weiße Streifen auf dem Wasser, als ob eine unsichtbare Hand mit einem Stück Kreide auf einer Tafel malen würde. Sie zogen genau auf den Kurs der ›Lusitania‹ zu.« Der Matrose gab mit seinem Megaphon umgehend eine Torpedowarnung durch, die auf der Brücke von den Offizieren Percy Hefford und Albert Bestic fassungslos aufgenommen wurde. Als sie die Katastrophenmeldung an Kapitän Turner weiterleiteten, war es schon zu spät. Der Torpedo traf die »Lusitania« kurz vor der Brücke an der Verbundstelle von Quer- und Längschott, dort, wo sich das unterste Deck (Orlopdeck) und der Reservekohlenbunker befanden. Turner beschrieb den Einschlag als ein Geräusch, das klang, »als ob eine Tür an einem windigen Tag zugeschlagen« würde.

Wenig später erfolgte eine zweite, weitaus heftigere Explosion, die Feuer und Rauchschwaden auslöste. Trümmer und Splitter prasselten auf die völlig überraschten und entsetzten Passagiere an Deck nieder. Die »U-20« näherte sich dem untergehenden Schiff, umrundete es und Kapitän Schwieger beobachtete kaltblütig den 18-minütigen Todeskampf. Bevor er das Sehrohr einzog und Kurs auf die offene See nahm, gewährte er auch einigen seiner Männer einen Blick auf die Katastrophe. In seinem *Kriegstagebuch* findet sich der Eintrag: »Es erfolgt eine außergewöhnliche Detonation mit einer sehr starken Sprengwolke (weit über den vorderen Schornstein hinaus). Es muss zur Explosion des Torpedos noch eine zweite hinzugekommen sein (Kessel oder Kohle oder Pulver?). Die Aufbauten über dem Treffpunkt und die Brücke werden auseinandergerissen, es entsteht Feuer, der Qualm hüllt die hohe Brücke ein. Das Schiff stoppt sofort und bekommt sehr schnell große Schlagseite nach Steuerbord, gleichzeitig vorn tiefer tauchend. Es hat den Anschein, als wollte es in kurzer Zeit kentern. Auf dem Schiff entsteht große Verwirrung; die Boote werden klar gemacht und zum Teil zu Wasser gelassen. Hierbei muss vielfach Kopflosigkeit geherrscht haben; manche Boote vollbesetzt, rauschen von oben, kommen mit dem Bug oder mit dem Heck zuerst ins Wasser und schlagen sofort voll.«

Anhand dieser sachlich-unbeteiligten Täterbeschreibung der Vorgänge lassen sich nicht die herzzerreißenden Szenen nachempfinden, die sich auf Deck und im Wasser abspielten. Die »Lusitania« bekam so schnell Schlagseite nach Steuerbord, dass sich weder die von den Trümmern getroffenen Passagiere bergen ließen noch die Rettungsboote ordentlich zu Wasser gelassen werden konnten. Auch Kapitän Turners verzweifelter Versuch, das angeschlagene Schiff in Richtung Küste zu steuern, musste scheitern – die »Lusitania« war außer Kontrolle geraten.

Schon unmittelbar nach den Explosionen war die Stromversorgung zusammengebrochen. Aus dem Dunkel des Schiffsinneren strömten die Passagiere in panischer Angst nach oben, wobei die Aufzüge oft zu Todeszellen wurden. Viele verzichteten darauf, ihre Schwimmwesten aus den Kabinen zu holen. Der Automobilverkäufer James »Jay« Ham Brooks aus Bridgeport, Connecticut, befand sich beim Einschlag des Torpedos in Nähe der Telegrafenstation, unmittelbar hinter der Brücke. Er selbst konnte sich retten, beschreibt aber anschaulich die chaotische Situation beim Einsatz der Rettungsboote:

»Es gab eine dumpfe Explosion, und eine Menge Wasser und Trümmer wurde neben der Brücke in die Luft geschleudert. Ich wurde durch das Wasser neben dem Funkraum zu Boden geworfen. Die Explosion schien das Schiff heftig nach Backbord hinüberzuheben, und ihr folgte bald darauf eine zweite dröhnende Explosion, die ganz anders war als die erste. Ich blieb mittschiffs auf der Steuerbordseite, bis das Bootsdeck überspült wurde und die noch übrigen Steuerbord-Rettungsboote neben dem Schiff lagen, aber noch mit der Kette befestigt. Ich half einigen Frauen in eines von diesen Booten und bemühte mich, dem Matrosen beim Lösen der Kette zur Hand zu gehen. Wir waren aber dazu mit bloßen Händen nicht in der Lage, und es war kein Werkzeug und kein Hammer da, mit dem man den Stift, der die Kette festhielt, hätte herausschlagen können. Das Schiff sank inzwischen steuerbords immer tiefer unter, und der Matrose und ich versuchten so lange, das Boot von der Kette freizumachen, bis der Davit (Schwenkkran) sich soweit neigte, dass er das Boot in der Mitte zerdrückte. Als wir sahen, dass das Boot nicht flottzumachen war, stiegen der Matrose und ich auf das Dollbord und sprangen ins Wasser. Wir schwammen so schnell wir konnten, vom Wrack weg, weil wir fürchteten, die Schornsteine könnten auf uns fallen, und schafften auch einen guten Abstand, bis ich, als das Schiff auf die Steuerbordseite kippte, plötzlich sah, dass die Funkantenne durch die Luft auf uns herunterkam. Ich

In nur 18 Minuten versank die »Lusitania« im Atlantik.
Darstellung auf einem irischen Plakat, 1915.

wurde getroffen. Auf dem Wasser schwammen zu diesem Zeitpunkt Trümmer aller Art, Leichen aller Altersstufen, viele mit Schwimmwesten …«

Es gab aber auch Missverständnisse und gutwillige Aktionen mit schrecklichen Folgen. So berichtete der New Yorker Börsenmakler Isaac Lehmann über ein Geschehen, das ihn noch lange nach seiner Rettung psychisch belasten solltc. Auf dem Backbord-Deck drängte sich eine große Menge verzweifelter Passagiere. Auch das immer noch an seinem Davit hängende Rettungsboot Nr. 18 war voll besetzt. Ein Matrose beabsichtigte laut Offiziersanweisung mit einer Axt die Seile abzutrennen und den

Haltestift herauszuschlagen, wenn das Schiff so weit gesunken war, dass sich das Boot auf gleicher Höhe mit dem Meer befand. Lehmann, so gab er später reumütig zu Protokoll, dauerte das zu lange und er zwang den Matrosen mit vorgehaltenem Revolver, das Boot sofort zu Wasser zu lassen. Der Matrose trennte das Boot von den Seilen, das dann mit großer Geschwindigkeit das steile Deck herunterrutschte und dabei »mindestens dreißig Menschen in seiner Nähe zerquetschte«, auch Lehmann erlitt schwere Beinverletzungen.

Verschiedenen Berichten und Interviews von Überlebenden ist zu entnehmen, dass sich vor allem Alfred Vanderbilt und sein Butler Roland Denyer durch selbstlose Hilfsaktionen hervorgetan haben, während sie selbst den Tod fanden. Wie der Theatermanager Charles Frohman oder die Frauenrechtlerin Margaret Mackworth soll auch der junge Multimillionär auf einen Platz in einem Rettungsboot verzichtet haben. Kurz bevor die »Lusitania« unterging, zog Vanderbilt seine eigene Schwimmweste aus, um sie einem verzweifelten Mädchen anzulegen. Ähnlich gelassen oder schicksalsergeben verhielt sich auch Charles Frohman in den letzten Minuten der »Lusitania«. Während des Torpedoangriffs saß er mit der Schauspielerin Rita Jolivet, dem Sänger und Promoter George Vernon sowie dem britischen Marineoffizier Alick John Scott an einem Tisch im »Veranda-Café«. Als sie das Ausmaß der Katastrophe erkannten, begab sich die Gruppe gemeinsam an die Reling des Promenadendecks. Hier wollten sie den Untergang des Schiffes erwarten. Eine Schwimmweste zu tragen lehnte Frohman ab, stattdessen zündete er sich eine Zigarre an und versuchte, die verängstigte Rita Jolivet zu beruhigen. »Es klang so«, erinnerte sie sich, »als ob er mir ganz gewöhnliche Bühnenanweisungen gab.« Dann kam eine riesige Woge, die wie eine Lawine über das Deck raste und die vier Freunde, die sich an den Händen hielten, auseinanderriss. Nur Rita Jolivet überlebte.

Kaum dokumentiert sind die Schicksale einzelner Passagiere der Dritten Klasse sowie jener Mannschaftsmitglieder, die im

Bauch der »Lusitania« kaum eine Chance zum Überleben hatten. Zu den wenigen Maschinisten und Heizern, die sich retten konnten, gehörten Eugene McDermott und Tom Madden. Gegenüber dem Untersuchungsausschuss der Marine haben sie ihre dramatische Flucht aus den Kesselräumen geschildert: Nach der Druckwelle der Explosion, die sie nahezu taub machte, spürten sie instinktiv »die Gefahr, bei lebendigem Leib von dem austretenden Dampf gekocht zu werden«. Der Maschinist Madden, der sich im Kesselraum I befand, berichtete, dass die Wand zwischen dem vorderen und dem mittleren Kohlenbunker der Steuerbordseite »wie Papier barst« und Seewasser hereinströmte. »Von Staub und Dampf halb erstickt«, versuchte er zunächst durch »eine Tür mittschiffs zu entkommen«, doch sie ließ sich nicht öffnen. Dann riss ihn die steigende Flut »wie Treibgut« fort. Madden klammerte sich an einen vorübertreibenden Kohlenkasten und wurde mit ihm durch den völlig dunklen Kesselraum zur Steuerbordseite gespült. Hier konnte er durch verzweifeltes Tasten die untersten Sprossen der Fluchtleiter im Lüfter erreichen und schaffte mit letzter Kraft den Aufstieg. Der Heizer McDermott hielt sich zu diesem Zeitpunkt im Kesselraum II auf, der sich unter dem zweiten Schornstein befand. Auch hier brach das Wasser mit voller Wucht ein und riss einige Heizer mit solcher Gewalt mit, dass sie an die Kessel oder Schottwände geschleudert wurden. So musste McDermott mitansehen, wie seine Kameraden William Mallin und Leslie Plummer beim Aufprall tödliche Verletzungen erlitten. Er selbst wurde von der trüben, fast drei Meter hohen Flut auf die untere Gitteröffnung eines Lüftungsschachts zugetrieben, an dessen Ende das Tageslicht schimmerte. Es gelang ihm, die Leiter im Schacht zu erreichen und auf das Deck neben dem Schornstein zu klettern. Er war der einzige Überlebende aus Kesselraum II.

Der Offizier Albert Bestic war noch mit dem Abseilen (Fieren) des letztes Rettungsbootes auf der Steuerbordseite beschäftigt, als die Riesenwelle, auf deren Kamm Trümmer und Leichen trieben, auch ihn zu überrollen drohte. Ohne nachzudenken sprang er über Bord und schwamm um sein Leben. Dann erfasste ihn ein Strudel und riss ihn in die Tiefe, wobei in seiner Wahrnehmung die Wasserfarbe von grün in schwarz wechselte. Seine Ohren schienen zu platzen, und er schlug mit den Armen und Beinen verzweifelt um sich, bis das Wasser über ihm heller wurde. Als Bestic wieder an die Oberfläche kam, konnte er die letzte Phase des Untergangs der »Lusitania« erleben. Der Dampfer versank langsam mit dem Bug voran, Schrauben und Ruder wurden sichtbar. Hunderte klammerten sich immer noch am hoch aufragenden Achterdeck fest, während andere abstürzten und im Meer verschwanden. Dann war die Detonation eines Kessels zu hören, die einen Schornstein abriss und erneut schwarze Rauchschwaden auslöste.

Als die »Lusitania« schon fast ganz unter Wasser war, drehte sie sich noch einmal und gab ein Geräusch von sich, das wie ein »langes, gedehntes Stöhnen« klang. Bestic sah sie »ein letztes Mal erzittern und fast vertikal unter die Oberfläche gleiten, bis sie in ungefähr einhundert Meter Tiefe den Meeresboden traf, mit einem donnernden Getöse, als hätten sich alle Eingeweide des Schiffes losgerissen«. Alle, die mit in die Tiefe gerissen wurden, kamen nicht wieder zum Vorschein.

Eine kurze Zeit kochte und schäumte die See an dieser Stelle, dann glättete sich die Oberfläche wieder und bedeckte das Grab der »Lusitania« wie ein Leichentuch. Von den 48 Rettungsbooten waren nur sechs heil geblieben, sie trieben mit Überlebenden völlig überladen auf dem fast wellenlosen Meer. Bestic schwamm auf dem Rücken und hörte das Schreien hilfloser Menschen und das furchtbare Wimmern der schutzlosen Babys in ihren schaukelnden Körben, an denen notdürftig Schwimmwesten befestigt waren. Als er sich schließlich nach einiger Zeit, schon fast unterkühlt, auf ein umgeschlagenes leeres Boot ziehen konnte, war das Schreien und Wimmern verstummt. Bestic hatte den Eindruck, »ganz allein« zu sein. Die Erinnerung an dieses schaurige Szenario sollte ihn bis an sein Lebensende verfolgen.

Auch der Passagier Oliver Bernhard, ein aus England stammender Bühnenbildner vom Bostoner Opernhaus, vertraute später einem Reporter ganz ähnliche, traumatische Erlebnisse an. Bernhard war in seiner Jugend zwei Jahre zur See gefahren und hatte Erfahrungen mit dem Einsatz von Beibooten gemacht, die ihm bei der »Lusitania«-Katastrophe sehr nützlich sein sollten. Er gehörte zu den Glücklichen, die sich in einem heilen Rettungsboot rechtzeitig vom gefährlichen Sog des sinkenden Schiffes entfernen konnten. Doch über das, was er sah, vermochte er nur mühsam zu sprechen. »Es war eine einzige lange Todesszene«, erklärte er. »Überall trieben Trümmer, und Männer, Frauen und Kinder klammerten sich in ihrem Überlebenskampf an die Liegestühle und Flöße, die das Wasser bedeckten. Viele waren zwischen Sesseln, Flößen und umgekippten Booten eingeklemmt, und einer nach dem anderen sanken sie weg und übergaben sich dem Tod. Ein armer Kerl wurde von dem Ruder getroffen, an dem ich zusammen mit einem Steward saß. Wir trafen ihn mit voller Wucht am Kopf, doch er griff nach dem Ruder und krallte sich wie der Teufel so lange daran fest, bis wir in der Lage waren, ihn ins Boot zu ziehen. Als nächstes sahen wir eine Frau, die in der Nähe vorbeitrieb. Ihr Gesicht war gerade noch über dem Wasser, und ihr stand Schaum vor dem Mund.« Bernhard und die anderen Bootsinsassen konnten der Frau nicht mehr helfen, sie starb wenige Minuten später. Und eine junge Krankenschwester, die sich selbst in ein Boot retten konnte, berichtete über das grauenvolle Erlebnis, hilflos zuschauen zu müssen, wie eine schreiende Frau im Wasser ihr Kind zur Welt brachte.

Kapitän Turner blieb bis zuletzt auf dem untergehenden Schiff. Er sprang erst ins Wasser, als das Wasser die Brücke überspülte. Was dann geschah wurde nicht eindeutig rekonstruiert. Der Kapitän selbst hat kaum darüber gesprochen. In einem Bericht heißt es: »Erst klammerte er sich an einen vorbeischwimmenden Ruderriemen, dann an einen Stuhl. Er sah sich immer wieder Angriffen von Möwen ausgesetzt« und wurde angeblich Zeuge, »wie die Vögel auf die verwirrten und betäubten Menschen herabstießen, die hilflos im Wasser trieben, und ihnen die Augen aushackten«. Schließlich, als er fast am Ende seiner Kraft war, »streckte er einen goldbetressten Arm in die Höhe, um Aufmerksamkeit auf sich zu lenken«. Ein in der Nähe schwimmendes Besatzungsmitglied half dem Kapitän, sich so lange über Wasser zu halten, »bis ihn ein Rettungsboot auffischte«. So viel Glück hatte sein erster Offizier John Anderson nicht. Er ging mit dem Schiff unter und seine Leiche wurde nie gefunden.

Um 15.15 Uhr, etwas mehr als eine Stunde nach seinem Angriff warf auch U-Boot-Kapitän Schwieger noch einmal einen mitleidlosen Blick zurück auf das Geschehen, wie das Logbuch vermerkt: »In der Ferne achteraus treibt eine Anzahl von Rettungsbooten, von der ›Lusitania‹ ist nichts mehr zu sehen.« Wenige Minuten später richtete sich seine Aufmerksamkeit bereits auf ein neues Opfer. Er hatte ganz in der Nähe einen Frachtdampfer der Cunard-Linie gesichtet und versuchte, auch ihn mit einem Heckschuss zu versenken. Doch der Torpedo traf nicht und der Frachter dampfte ahnungslos weiter. Offensichtlich hatte er von der Gefahr und auch von der »Lusitania«-Katastrophe nichts mitbekommen.

Die Gräber von Queenstown

Noch bevor der Notruf der »Lusitania« (»SOS ... kommt schnell ... starke Schlagseite ... Position zehn Meilen südwestlich von Kinsale«) in Queenstown empfangen wurde, waren Fischer und Bauern durch dumpfe Explosionen und aufsteigenden schwarzen Rauch auf die Tragödie vor ihrer Küste aufmerksam geworden. Auch die Besatzung des kleinen Fischkutters »Wanderer« von der Isle of Man wurde Zeuge des Dramas. Die Fischer hatten nur wenige Meilen entfernt ihre Netze ausgeworfen und bemerkten, dass ein großer Dampfer, der kurz vorher an ihnen vorbei gefahren war, sich plötzlich nach Explosionen in Schwierigkeiten befand. Dass es sich um die »Lusitania« handelte, sollten sie erst später erfahren. Die »Wanderer« setzte sofort alle Segel und nahm Kurs auf das sinkende Schiff. Sie erreichte den Unglücksort noch vor dem Eintreffen der Hilfsflotte aus Queenstown und konnte insgesamt 200 Schiffbrüchige retten. Da der kleine Kutter mit den aufgenommenen Personen völlig überlastet war, wurden noch zusätzlich zwei Rettungsboote in Schlepp genommen. Weitere 18 Überlebende nahm der sich ebenfalls in der Nähe befindende Trawler »Dan O'Connell« auf. Hunderte von Schiffbrüchigen mussten aber noch Stunden auf die von Admiral Coke in Queenstown zusammengestellte Rettungsflotte von etwa 20 Schleppern, Trawlern und Torpedobooten warten. Als bei Einbruch der Dunkelheit die Suche vorerst aufgegeben wurde, waren fast 800 Überlebende gerettet und über 200 Leichen geborgen. Viele der Opfer hatten schwere Knochenbrüche und Verletzungen, so dass einige noch nach ihrer Rettung starben.

Insgesamt kamen bei der »Lusitania«-Katastrophe 1 198 Menschen ums Leben, darunter 785 registrierte Passagiere (128 waren Amerikaner) sowie 413 der insgesamt 702 Crew-Mitglieder. Von den 129 Kindern an Bord starben 94, darunter 35 der 39 Babys. Nur 764 Menschen überlebten, davon 474 Passagiere und 290 Crew-Mitglieder.

Im Vergleich zu den täglichen Verlusten in den Materialschlachten des Ersten Weltkriegs erscheint die Zahl der »Lusitania«-Opfer zwar relativ gering, doch ihre symbolische Bedeutung war einzigartig. Neben der schrecklichen Bilanz der getöteten Kinder registrierte man vor allem die große Zahl prominenter Opfer aus Wirtschaft, Politik, Wissenschaft und Kultur mit fassungslosem Entsetzen. Eine Auswahl der bekanntesten Namen liest sich wie ein Who's who der damaligen angelsächsischen High-Society: Albert Bilicke (*1861), amerikanischer

Bauunternehmer und Investor; Lindon Bates (*1883), amerikanischer Ingenieur, Ökonom und Autor; Alexander Campbell (*1871), schottischer Spirituosen-Fabrikant; William B. Cloete (*1851), britischer Geschäftsmann und Ökonom, Gründer von »The New Sabinas Company«; Paul Crompton (*1878), Präsident der »Booth Steamship Company«; Robert E. Dearbergh (*1867), englischer Wissenschaftler und Vizepräsident der »Earp-Thomas Farmogerm Company«; Marie Depage (*1872), belgische Diplomatin und Gründerin der »L'École Belge d'Infirmièr Diplômées«; Justus Forman (*1875), amerikanischer Schriftsteller und Bühnenautor (*The Hyphen*); Charles Frohman (*1860), amerikanischer Theaterproduzent (*Peter Pan*); Edgar E. Gorer (*1872), britischer Geschäftsmann und Kunsthändler, Gründer des Londoner Unternehmens Gorer; Amelia Herbert (*1856), amerikanische Theaterschauspielerin (*Jane Eyre*, *Three Wives*); Albert L. Hopkins (*1871), amerikanischer Schiffbauer, Präsident der »Newport News Shipbuilding and Drydock Company«; Alice Moore Hubbard (*1861), amerikanische Frauenrechtsaktivistin und Autorin; Elbert Hubbard (*1856), amerikanischer Schriftsteller und Satiriker, Begründer der Künstlervereinigung »Roycroft«; Carrie Kennedy (*1862), amerikanische Modedesignerin; Charles Klein (*1867), englischer Schauspieler und Bühnenautor (»The Lion And The Mouse«); Sir Hugh Lane (*1875), irischer Kunstmäzen, Gründer der Dublin City Gallery; Rev. Dr. Basil Maturin (*1847), britischer katholischer Geistlicher, Autor und ehemaliger Rektor der St. Clement's Church in Philadelphia; Frederico G. Padilla (*1880), mexikanischer Politiker, Generalkonsul für Mexiko im Vereinigten Königreich; Frederick Pearson (*1861), amerikanischer Bauunternehmer und Manager, Erbauer des Damms von Medina; Charles Plamondon (*1858), amerikanischer Großindustrieller; Mary Crowther Ryerson (*1860), Ehefrau von Major General George Ryerson, Gründer des Kanadischen Roten Kreuzes; Anne Shymer (*1879), amerikanische Chemikerin und Präsidentin der »United States Chemical Com-

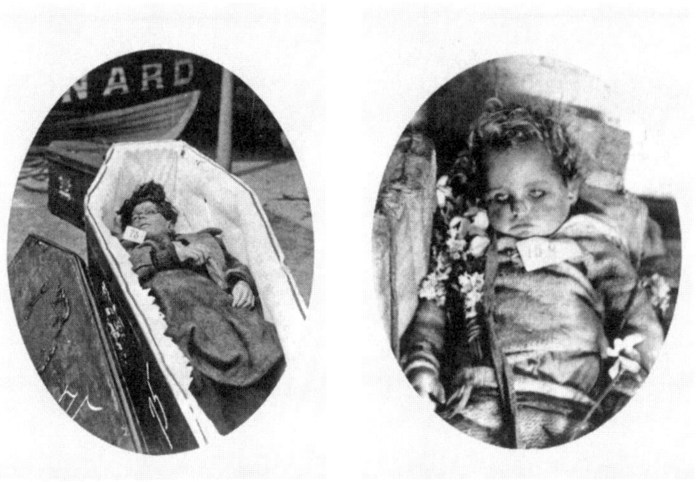

In den Leichenhallen von Queenstown wurden Hunderte von Opfern aufgebahrt, darunter zahlreiche Kinder und Frauen.

pany«; Joseph Foster Stackhouse (*1873), britischer Polarforscher und Entdeckungsreisender; Herbert Stones (*1872), amerikanischer Redakteur und Verleger, Vorsitzender des Verlags »H. S. Stone & Company«, Begründer der Zeitschriften *The Chap Book* und *The House Beautiful*; Frances Stephens (*1851), Witwe des kanadischen Ministers George Stephens; Alfred Gwynne Vanderbilt (*1877), amerikanischer Multimillionär und Pferdezüchter; Lothrop Withington (*1856), britischer Historiker, Genealoge und Schriftsteller.

Queenstown nahm das Bild einer Totenstadt an. Die geborgenen Leichen wurden provisorisch in drei Gebäudehallen des Rathauses untergebracht. Fast unerträglich war der Anblick der aufgebahrten toten Kinder, die in den Leichenhallen wie Puppen nebeneinander lagen. »Eine ganze Anzahl Babys, ich würde sagen, ungefähr dreißig«, erinnerte sich Oliver Bernhard in seinem Zeugenbericht, »wurden starr und steif auf den Fußboden

Todesopfer, Retter und Überlebende in einem Bericht der französischen Zeitung *Le Miroir* vom 23. Mai 1915.

eines vorübergehend als Leichenhalle dienenden Raums gelegt. Ich habe noch nie so etwas Unheimliches und Furchtbares gesehen. Es hat mich mit einem brennenden Verlangen nach Rache erfüllt. Ich hoffe, dass diese kleinen Wesen gerächt werden.« Andere Augenzeugen erklärten, dass die meisten Kinder »wenigstens friedlich aussahen, als wären sie ohne Qualen gestorben«. Mit jedem zurückkehrenden Rettungsschiff füllten sich die Leichenhallen weiter.

Die Einwohner von Queenstown und der ganzen irischen Küstenregion waren erschüttert. Wut, Trauer und Mitgefühl überlagerten den traditionellen Unabhängigkeitskonflikt mit England. Zahlreiche junge Iren meldeten sich spontan zum freiwilligen Kriegsdienst in der britischen Armee. Kommunale Einrichtungen, Familien und Hotels nahmen die traumatisierten Überlebenden auf und spendeten Kleidung und Lebensmittel. Ärzte, Sanitäter und Krankenschwestern versorgten unermüdlich die Verletzten. Drei Tage nach der Katastrophe nahmen die

Menschen mit einer drei Kilometer langen Prozession durch die Straßen Abschied von den Opfern der »Lusitania«-Katastrophe. Zuvor hatte Bischof Brown in der St. Colman's Kathedrale die Totenmesse zelebriert.

Für den Trauerzug wurden Wagen und Pferde aus der gesamten Grafschaft Cork bereitgestellt. Der Zug führte aus der Stadt hinaus zum alten Friedhof von Queenstown, wo drei Massengräber ausgehoben worden waren. Angeführt wurde die Prozession von einem Musikkorps der Royal Irish Infantry. Die Särge waren mit britischen Flaggen bedeckt und wurden sowohl von protestantischen als auch von katholischen Geistlichen begleitet. Alle Läden und Geschäfte waren geschlossen und die Schiffe im Hafen hatten halbmast geflaggt. Am Rande der Wegstrecke drängte sich die Bevölkerung und lauschte ehrerbietig den Klängen von Chopins Trauermarsch. Beim Anblick der Särge erinnerte man sich schaudernd daran, dass sich noch fast 1 000 Tote im Atlantik befanden.

Auf dem Friedhof von Queenstown wurden nach den Ansprachen der Geistlichen 200 Särge in die Gräber hinabgelassen, während eine Ehrengarde der Marine Salut schoss und die Trauergäste die Hymne »Abide With Me« anstimmten. Für die als Amerikaner identifizierten Leichen und zahlreiche andere prominente Opfer war die Überführung in ihre Heimatorte vorbereitet, wobei die Behörden und Bestatter große Mühe hatten, Spezialisten für das notwendige Einbalsamieren zu finden.

Gospel in New York

Als die »Lusitania« versank, war es in New York neun Uhr morgens. Die Nachricht sprach sich schnell herum, wie der amerikanische Komponist Charles Ives berichtete. Er erinnerte sich, dass »den Leuten auf der Straße und in der Hochbahn etwas Ungewöhnliches ins Gesicht geschrieben stand« – Trauer und Kriegserwartung. »Als ich gegen sechs Uhr nachmittags mein Büro verließ, nahm ich am Hanover Square, Ecke Third Avenue den

›L‹-Train stadtauswärts. Als ich auf den Bahnsteig kam, wartete eine große Menge auf die Züge, die nicht weit von uns standen. Und als wir alle da warteten, drehte unten auf der Straße einer seinen Leierkasten. Einige Arbeiter, die neben den Schienen saßen, pfiffen die Melodie mit, andere sangen oder summten den Refrain. Ein Arbeiter, eine Schaufel auf seiner Schulter, betrat den Bahnsteig und fiel in den Chor ein, als nächster stimmte ein Banker von der Wall Street, der weiße Gamaschen und einen Stock trug, ein. Und schließlich hatte ich den Eindruck, dass überhaupt alle dieses Lied sangen, und sie schienen es nicht aus Spaß zu singen, sondern um loszuwerden, was sie den ganzen Tag über bedrückt hatte. Es war eine Würde in allem. Der Leierkastenmann kriegte es mit und drehte seinen Kasten unweit des Bahnsteigs in fortissimo (der Chor schwoll zu einer Stärke an, dass man dachte, überhaupt jeder in New York sänge mit). Dann kam der erste Zug, alle stürmten hinein, das Lied ebbte ab, doch die Wirkung auf die Menge hielt an. Fast niemand sprach – die Leute benahmen sich, als wären sie gerade aus der Kirche gekommen. Noch als wir uptown fuhren, stimmten hin und wieder Grüppchen das Lied an oder summten es. Was war das für ein Lied? Es war kein Broadway- oder Musical-Hit, es war kein Walzer, kein Tanzlied, auch keine Opernarie oder sonst ein klassisches Stück … es war nur der Refrain eines alten Gospels, der viele Menschen in den vergangenen Generationen gerührt hatte. Es war bloß ›In the Sweet By and By‹.«

Dass an diesem Katastrophentag im Mai 1915 ausgerechnet diese Gospel-Melodie die Stimmung der New Yorker traf, hat Ives noch lange beschäftigt, auch als Komponist. »In the Sweet By and By« wird später an verschiedenen Stellen seines Werkes in diesem Zusammenhang zitiert. So überschrieb er 1919 einen Satz seines »Orchestral Sets« mit der »Erinnerung an den Hanover Square North, am Ende eines tragischen Tages, als sich die Stimme des Volkes erhob«. Damit wollte er verdeutlichen, dass ihn damals, als die Leute ihre Stimmen erhoben, vor allem

Winsor McCays dokumentarischer Trickfilm »The Sinking of Lusitania« sollte die amerikanische Öffentlichkeit zum Kriegseintritt bewegen.

»das Demokratische« dieses Trauerlebnisses bewegt hatte. Denn Demokratie war für Ives »nicht Einmütigkeit, sondern Vielstimmigkeit«.

Eine andere, ähnlich bewegende Reaktion auf die Katastrophe war Winsor McCays dokumentarischer Trickfilm »The Sinking of Lusitania«, der 1918 fertiggestellt wurde und auch heute noch über YouTube zugänglich ist. McCay, der 1869 in Michigan geborene Sohn kanadischer Eltern, gilt als einer der bedeutendsten amerikanischen Karikaturisten, Comiczeichner und Produzenten von Zeichentrickfilmen. Bis zum Ersten Weltkrieg spiegelten die Motive seiner Comics, wie *Little Nemo in Slumberland* oder *Gertie the Dinosaur*, zwar auch die Hektik und Ängste der Moderne – doch waren die Ausdrucksformen mehr surrealistisch als realpolitisch. Die »Lusitania«-Katastrophe aber sollte Werk und Leben des Künstlers schlagartig verändern. Überwältigt von den tragischen Ereignissen, ließ McCay sich vom Hearst-Konzern als Chefkarikaturist »beurlauben«, um mit privaten Mitteln ein propagandistisches Animationswerk zu realisieren, das die amerikanische Öffentlichkeit zum Kriegseintritt bewegen sollte.

Da McCay ein künstlerischer Perfektionist war und bleiben wollte, sprengte der Produktionsaufwand für diese neue Filmform den geplanten Zeitrahmen. Es dauerte fast drei Jahre, bis sich eine 300 Meter lange Filmrolle mit 25 000 Zeichnungen, hunderten von Originalfotos und ebensovielen Textblöcken zu einer 12-minütigen Dokumentation der »Lusitania«-Tragödie gefügt hatte. Das Ergebnis war sensationell, kam aber für Propagandazwecke zu spät. Als das Werk in die Theater und Kinos kam, stand das Kriegsende unmittelbar bevor und das amerikanische Publikum bedurfte für die Siegesgewissheit keinerlei Aufrüttelung mehr.

Jubel und Entsetzen

Am Morgen des 8. Mai erklärte die deutsche Admiralität in ihrem täglichen Bericht kommentarlos, dass die »Lusitania« vor dem Old Head of Kinsale torpediert und versenkt worden sei. Hugo von Pohl, der Chef des Admiralstabs, ließ es sich aber nicht nehmen, Walther Schwieger und seine Mannschaft persönlich zum »großen Erfolg« zu beglückwünschen und in Wilhelmshaven, dem größten deutschen Flottenstützpunkt, einen glänzenden Empfang zu organisieren. Die Matrosen der dort liegenden Kriegsschiffe waren zum Jubeln angetreten und begrüßten die einlaufenden »U-Boot-Wikinger« mit Hurrarufen. Und Kronprinz Wilhelm telegrafierte begeistert aus seinem Hauptquartier in Nordfrankreich an seinen Vater, den Kaiser: »Hier große Freude über die Torpedierung der ›Lusitania‹ … Je rücksichtloser der U-Boot-Krieg geführt wird, desto schneller wird der Krieg beendet sein.«

Auch die deutsche Presse triumphierte. Ob *Frankfurter Zeitung*, *Neue Preußische Zeitung* oder *Kölnische Volkszeitung* – man war sich einig in der Bejubelung eines »gerechtfertigten« Angriffs auf ein »bewaffnetes« Schiff, das Munition und kanadische Soldaten an Bord gehabt habe. Die Versenkung sei auch von moralischer Bedeutung und eine notwendige Antwort auf die Versuche der Briten, mit ihrer Blockade das deutsche Volk auszuhungern. Schuld seien allein britischer Stolz und Gleichgültigkeit sowie die Habgier der Schifffahrtslinie. Besonders zynisch formulierte die *Westfälische Tages-Zeitung*: »Endlich ist unseren U-Booten ein großer Fang gelungen … Wir Deutschen freuen uns von ganzem Herzen über den gelungenen Schlag und sehen dem allgemeinen

Wutgeheul und Entrüstungsgeschrei kühl lächelnd entgegen … keine Sentimentalität; Kampf bis aufs Messer mit dem gemeinen Krämervolk …!«

Dem deutschen Jubelchor stand die Bitterkeit und Empörung der angelsächsischen Öffentlichkeit gegenüber. Die englischen Zeitungen sprachen von »moralischer Verkommenheit« der Deutschen, die man nicht mehr zu den zivilisierten Nationen zählen könne. Besonders drastisch waren die Berichte des *Daily Chronicle*. Als Dokumente des »abscheulichsten Verbrechen der Hunnen« wurden schreckliche Bilder der Toten gezeigt und erschütternde Gespräche mit Überlebenden abgedruckt. Den Vergleich mit den Hunnen hatte bekanntlich der deutsche Kaiser selbst in die Welt gesetzt, als er 1900 in seiner Aufforderung zur Niederschlagung des »Boxer-Aufstandes« in China die Soldaten des deutschen Reiches aufforderte, so brutal vorzugehen wie König Etzel »vor tausend Jahren«. Auch amerikanische Zeitungen griffen im Mai 1915 dieses Bild wieder auf. Der *New York Herald* nannte die Torpedierung der »Lusitania« ein »vorsätzliches Gemetzel«, die *New York Times* war der Ansicht, dass es »in der Kriegsgeschichte keine einzelne Tat« gebe, »die in ihrer Unmenschlichkeit und ihrer Grausamkeit mit dieser vergleichbar wäre«, und im *Minneapolis Journal* war zu lesen: »Deutschland ist dabei, zum Verfemten unter den Völkern zu werden. Vielleicht werden wir noch eine Barbarei erleben, die auf die höchste Spitze getrieben wird.« Der deutsche Botschafter Graf von Bernstorff musste in New York seinen geplanten Besuch der Metropolitan Opera, wo eine Sondervorstellung der »Fledermaus« zugunsten des Deutschen Roten Kreuzes gegeben wurde, absagen, da er im Ritz-Carlton wie ein Gefangener festsaß. Aufgebrachte Bürger und Reporter belagerten das Hotel und forderten eine Erklärung des deutschen Diplomaten.

In Liverpool, London und fast allen britischen Großstädten plünderte eine aufgebrachte Menge wahllos Geschäfte, die einen deutschen oder deutsch klingenden Namen trugen. Schei-

Zeitgenössische Karikatur aus der *New York World*: Die Geister der ertrunkenen Kinder klagen den deutschen Kaiser an.

ben wurden eingeschlagen und Einrichtungsgegenstände auf die Straße geworfen. Waren es in Liverpool Werftarbeiter, die die Demonstrationen anführten, setzten sich in London Börsenmitglieder mit ihren Zylinderhüten an die Spitze eines Umzugs, der vor dem Parlament die Internierung aller im Lande lebenden Deutschen forderte. Selbst Südafrika wurde von der Protestwelle erfasst. In Johannesburg, Kapstadt und Durban setzten wütende Demonstranten Häuser von deutschen Einwanderern in Brand. Der der damalige amerikanische Botschafter in London schrieb an seine Regierung in Washington: »Die USA müssen den Krieg erklären, oder sie verlieren den Respekt der Europäer.«
Auch die Zeitungen neutraler Länder, wie zum Beispiel das norwegische *Morgenblad*, zeigten sich entsetzt über den hemmungslosen deutschen U-Boot-Krieg: »Die Meldung von der Versenkung der ›Lusitania‹ lässt alle anderen Ereignisse in den Hintergrund treten (…) Die Deutschen wollten Angst und Schrecken verbreiten. Sie haben ihre Freunde in Angst und Schrecken

Die Empörung über die Versenkung der »Lusitania« führte auch zur Plünderung deutscher Geschäfte, wie hier in London.

versetzt, und solcher Terror gebiet Hass.« Und die dänische *Illustreret Tidende* drückte am 15. Mai 1915 das widersprüchliche und ohnmächtige Gefühl der »Neutralität« durch einen Vergleich des Schicksals der »Lusitania« mit der »Titanic«-Katastrophe aus: »Dänemark muss und soll in politischer Hinsicht streng neutral sein. Es ist für unsere Existenz eine Notwendigkeit …, aber unseren menschlichen Gefühlen können wir vor unserem eigenen Gewissen keine Fesseln anlegen, das wäre gleichermaßen unwürdig und unaufrichtig. Als die unbezwingbare Naturkraft in Gestalt eines Eisberges den Bug der ›Titanic‹ zerriss und eine große Zahl unschuldiger und nichtsahnender Menschen den Tod in den Wellen finden ließ, empfand die ganze Welt Grauen und Mitleid mit den Unglücklichen. Nun wiederholt sich das Gleiche, wieder wird ein Riesendampfer mit (am Krieg) unschuldigen Menschen in den Untergang geschickt – doch diesmal durch eine vorsätzliche Willenshandlung jener kriegsführenden Macht, die sich anmaßt, die Regeln des Kampfes zu bestimmen. Jedes menschliche Verständnis und jeder menschliche Maßstab versagen, um diese Katastrophe zu erfassen. Die Wellen des Meeres haben sich über den Unglücklichen geschlossen und das Wasser hat alle Spuren verwischt. Aber in die Herzen aller Kulturvölker wird dieses Ereignis für ewige Zeiten eingeschrieben sein, und nichts, nichts wird es jemals auslöschen können.«

Thomas Mann hat »nicht geflennt«

Thomas Mann hatte für solche »sentimentalen« Mitleidsgefühle nur Verachtung übrig. Seine berühmt-berüchtigten *Betrachtungen eines Unpolitischen* entstanden unter dem unmittelbarem Eindruck der »Lusitania«-Katastrophe und den Auswirkungen des U-Boot-Kriegs. Der Autor verteidigt den nationalen Jubelrausch gegen die »moralische Duckmäuserei« der Gegner. »Das deutsche Volk«, so Thomas Mann, habe »nicht geflennt über das, was die ihrerseits radikal erbarmungslosen Feinde seines Lebens ihm antaten, aber es hat auch an seinem Notrecht auf revolutionäre Mittel nicht gezweifelt, hat die Verwendung solcher Mittel gebilligt und mehr als gebilligt.« Es habe nicht nur »den Einmarsch in Belgien gebilligt«, sondern auch »die Vernichtung jenes frechen Symbols der englischen Seeherrschaft und einer immer noch komfortablen Zivilisation, des Riesenlustschiffes ›Lusitania‹, und dem welterfüllenden Zetermordio humanitärer Hypokrisie die Stirn geboten. Den uneingeschränkten Unterseebootskrieg aber hat es nicht nur gebilligt, es hat danach geschrien und bis zur Auflehnung mit den Führern gehadert, die zögerten, ihn walten zu lassen.«

In ähnlicher Weise mokierte sich der volkstümliche Autor und Kriegsberichterstatter Ludwig Ganghofer über die Empörung im Ausland: »Vor Jahren einmal, an einem Faschingsdienstag, hab' ich ein Maskenfest in einem Irrenhaus gesehen. An diesen namenlosen Wirrwarr von tragischem Schauder und grotesker Komik musste ich immer denken, während ich die Auslandsurteile über die Torpedierung der ›Lusitania‹ las, die Demonstrationsdepeschen aus Italien, die Gemütsergüsse englischer Minister, die Funksprüche des Eiffelturms, die mit dem Strohhalm der Phrase aufgeblähte Weiherede des edlen, nur ein bisschen blassen Gaby d'Annunzio und die Berichte über die lehrreichen Kulturdokumente, die wir in der angelsächsischen Verunschenierung deutschen Barbarengutes zu erkennen haben.«

Doch auch in Deutschland gab es Scham, Empörung und Trauer. Während Thomas Mann die »stärkende Güte« von Ganghofers Texten lobte, die 1915 eine Auflage von mehr als einer halben Million Exemplare erreichten, ließ der Satiriker Karl Kraus den bayerischen Frontlyriker in seinen »letzten Tagen der Menschheit« als naiv-servilen, »jodelnden« Kriegspropagandisten auftreten. Kraus, der selbst zu Beginn des Krieges noch ein konservativer Anhänger der Habsburger Monarchie und Verehrer des Thronfolgers Franz Ferdinand gewesen war, veränderte seine Ansicht aufgrund der »Lusitania«-Katastrophe grundlegend. Nachdem er zunächst geschwiegen hatte, griff er jetzt vor allem den deutschen Kaiser scharf an, warf ihm Größenwahn, Inkompetenz und Sadismus vor.

Im Sommer 1915 stellte Kraus den *Fackel*-Band *Untergang der Welt durch schwarze Magie* zusammen und begann an seinem Weltkriegsdrama *Die letzten Tage der Menschheit* zu arbeiten. Das Drama besteht nicht aus einer fortlaufenden Handlung, sondern aus mehr als 200 kurzen Szenen, in denen zahlreiche reale und fiktive Figuren auftreten und in denen die Absurdität und Unmenschlichkeit des Krieges dargestellt werden. Über ein Drittel des Textes besteht aus Zitat-Montagen. Zitiert wird aus Zeitungen, Gerichtsurteilen oder militärischen Einsatzbefehlen. »Die unwahrscheinlichsten Taten, die hier gemeldet werden«, so der Autor, »sind wirklich geschehen; ich habe gemalt, was sie nur taten. Die unwahrscheinlichsten Gespräche, die hier geführt werden, sind wörtlich gesprochen worden; die grellsten Erfindungen sind Zitate.« Manche Szenen wurden als »Erscheinungen« illustriert, so auch die ergreifende Darstellung der »Lusitania«-Opfer:

Der österreichische Schriftsteller Karl Kraus verarbeitete den Untergang der Lusitania in seinem Drama *Die letzten Tage der Menschheit.*

»Ein süßer Ton erklingt. Meeresstille nach dem Untergang der Lusitania. Auf einem schwimmenden Brett zwei Kinderleichen.

Die Lusitania-Kinder:

›Wir schaukeln auf der Welle –

Wir sind nun irgendwo –

Wie ist das Leben helle –

Wie sind die Kinder froh‹«

Die gefühlsmäßig naheliegende Schlussfolgerung, auch »den Tirpitz zu torpedieren«, schien für Karl Kraus jedoch »verfehlt, weil erfahrungsgemäß in solchen Fällen nicht die militärischen Objekte, sondern die anständigen Menschen getroffen werden«. Sein Wunsch war vielmehr, dass den Marineadmiral »das Bild der zwei Kinderleichen von der ›Lusitania‹ durchs Leben begleiten« möge. An eine Bühnenwirksamkeit seines Dramas hat Kraus auch nach dem Fall der Zensur nicht geglaubt. Er hielt das Stück für »unspielbar«. Die Aufführungsgeschichte sollte ihm Recht geben. Selbst ambitionierte, neuere Kurzfassungen, wie

Johann Kresniks Inszenierungsversuch von 1999 im Bremer U-Boot-Bunker »Valentin«, scheiterten an den Grenzen zwischen Dokumentation und Realsatire.

Schon Kurt Tucholsky hatte nach dem Ersten Weltkrieg erkannt, dass die Deutschen offenbar nur zu Theatersentimentalität fähig waren. So fragte er 1919 seine rührseligen Charlottenburger Zuschauer im Parkett, ob sie auch »damals geweint« hätten, »als die ›Lusitania‹ torpediert wurde? Als auf hoher kalter See Leute gemordet wurden? Wasser schluckten und versanken?« Die meisten hatten damals nicht geweint, sondern gefeiert. Selbst an einem zentralen Treffpunkt der Berliner Bohème, im »Café des Westens«, scheute sich der sozialdemokratische Journalist Felix Stössinger nicht, die Versenkung der »Lusitania« lauthals als »die größte Heldentat der Menschheitsgeschichte« zu preisen. Doch er stieß auf Empörung. Der Schriftsteller Leonhard Frank, der 1914 für seinen sozialkritischen Erstlingsroman *Die Räuberbande* den Fontane-Preis erhalten hatte, ging auf Stössinger zu und ohrfeigte ihn wortlos. Anschließend musste der couragierte Pazifist in die Schweiz emigrieren, um einer drohenden Verhaftung zu entgehen. Im Exil verfasste Frank mehrere Novellen gegen den Krieg, die in der Schweiz unter dem Sammeltitel *Der Mensch ist gut* erscheinen konnten. In Deutschland kamen diese Texte auf den Index und konnten nur illegal eingeführt werden. Kriegsgegner verbreiteten das Buch und organisierten in Berlin eine Veranstaltung, bei der die Schauspielerin Tilla Durieux den Text vortrug. 1918 war Frank in München zeitweilig Mitglied im »Vollzugsausschuss des Arbeiter- und Soldatenrates« und wurde im Mai 1919 bei der Niederschlagung der Rätebewegung verwundet. Nach 1933 musste er ein zweites Mal in die Schweiz flüchten. Weitere Stationen seines Exils waren London, Paris, Los Angeles und New York.

Obwohl er nach seiner Rückkehr in beiden deutschen Staaten mit hohen Kulturpreisen geehrt wurde, blieb Leonhard Frank bis zu seinem Tod im Jahr 1961 heimatlos. In dieser Heimatlosigkeit sollten sich paradoxerweise Berührungspunkte mit dem Schicksal seines Kontrahenten Felix Stössinger ergeben. Auch Stössinger schloss sich den Aktivisten der Arbeiter- und Soldatenräte an, war von 1918 bis 1922 Redakteur des Berliner USPD-Zentralorgans »Freiheit« und wurde nach 1933 ins (Schweizer) Exil vertrieben.

Der merkwürdige Widerspruch zwischen Stössingers sozialpolitischem Engagement und seiner deutschnationalen Verblendung erklärt sich offensichtlich aus der Identitätsproblematik seiner jüdischen Herkunft. Wie viele deutsche Juden hatte auch Stössinger den Ersten Weltkrieg als Möglichkeit gesehen, die traditionellen Vorurteile, die die christlich-jüdischen Beziehungen belasteten, durch einen alle vereinenden Patriotismus zu ersetzen. Mit dem jüdischen Philosophen Hermann Cohen hoffte er 1915 »auf den Triumph der deutschen Waffen«. Doch auch nach dem Krieg, noch Ende der zwanziger Jahre, klagte Stössinger den »angelsächsischen Imperialismus« als »kulturelle Ideologie der Weltherrschaft« und sah die »Gefahr des Antisemitismus« nicht in Deutschland, sondern ausschließlich in der Sowjetunion.

Einen merkwürdigen deutsch-jüdischen Widerspruch zwischen Bildung und politischem Bewusstsein stellte der Literaturwissenschaftler Hans Mayer auch bei seinem Onkel Ludwig fest. Der habe nicht nur Heine und die deutschen Klassiker auswendig zitiert, sondern sich auch in der angelsächsischen Literatur ausgekannt, aber »politisch« sei dieser »deutsch-jüdische Aufklärer ein gläubiger Nationalist« geblieben, »der alles glaubte und weitertrug, was die Kriegspropaganda uns wissen ließ«. So habe es im Mai 1915 am Abendbrottisch »eine schreckliche Szene« gegeben, »als der Onkel jubelnd verkündete, die deutschen U-Boote hätten das amerikanische Schiff ›Lusitania‹ versenkt«. Der Vater sei »so erregt« gewesen, wie er ihn nie zuvor gesehen hatte. »Damals sagte er, was ich nie vergessen sollte: ›Wir siegen uns tot!‹«

Erich Mühsam: »Eine Übergreuelung der Greuel«

Weit- und klarsichtig hat der ebenfalls aus einem jüdischen Elternhaus stammende Schriftsteller und Anarchist Erich Mühsam erkannt, welche Weltgefahr von der »kulturellen Ideologie« des deutschen Kaiserreichs ausgehen sollte. Schon mit dem symbolischen Titel *Kain*, den er seiner 1911 gegründeten *Zeitschrift für Menschlichkeit* gab, signalisierte er die Aktualität der biblischen Geschichte von Eifersucht, Brudermord und Vertreibung. Nach Ausbruch des Kriegs stellte Mühsam das Erscheinen der Zeitschrift wegen drohender Zensurmaßnahmen ein und entschloss sich, sein im November 1912 abgebrochenes Tagebuch wieder fortzusetzen. Die Dramatik der Kriegsereignisse trieb auch ihn zunächst in die Orientierungslosigkeit. Er hatte zwar die Kriegsgefahr und den drohenden Zusammenbruch der Zivilisation früh erkannt, doch nicht mit einer solchen überschäumenden Euphorie gerechnet, die auch ihn erfasste. So notierte er am 3./4. August 1914: »Und – ich, der Anarchist, der Antimilitarist, der Feind der nationalen Phrase, der Antipatriot und hassende Kritiker der Rüstungsfurie, ich ertappe mich irgendwie ergriffen von dem allgemeinen Taumel, entfacht von zorniger Leidenschaft, wenn auch nicht gegen etwelche ›Feinde‹, aber erfüllt von dem glühend heißen Wunsch, dass ›wir‹ uns vor ihnen retten! Nur wer sind sie – wer ist ›wir‹?« Und einige Monate später, am 11. Dezember, kritisierte Mühsam den Anarchistenfürsten Pjotr Kropotkin. »Der ist in Rußland und kämpft dort im Dienste der Regierung im Glauben, jetzt breche die Freiheit über die Völker herein. Auch er soll, wie mir Reitze (ein Schweizer Anarchistenfreund; W. J.) schon erzählte, die Vernichtung der deutschen ›Barbaren‹ proklamieren. Greisenwahn oder Abfall von Recht und Ideal?«

Doch allmählich gewann er Abstand, und seine Verirrungen aus den ersten Kriegsmonaten wurden ihm peinlich. Es war ein quälender Vorgang, wie er versuchte, von außen einen realistischen Überblick über die Kriegsereignisse zu gewinnen. An die

Front kam er nicht, da die Armee den berüchtigten Anarchisten nicht haben wollte. Mühsam wurde gemustert, aber nicht einberufen. Er las alle Zeitungen und diskutierte mit Freunden wie Gustav Landauer, Frank Wedekind oder Heinrich Mann und korrespondierte auch mit Karl Liebknecht über die Gründung eines »Internationalen Kulturbundes gegen den Krieg«. Das Tagebuch erhielt eine neue Aufgabe, es half dem Autor, innere Ängste und Fassungslosigkeit in Worte zu fassen. So entstand eine der wertvollsten Chroniken über jene Realität des Ersten Weltkrieges, die nicht nur das äußere Geschehen, sondern auch die persönliche Verzweiflung von Betroffenen zum Thema machte.

Zum eindeutigen Schock- und Wendeerlebnis wurde auch für Mühsam die »Lusitania«-Katastrophe. Im Tagebuch finden sich unter diesem Stichwort mehr als 20 Einträge, die anschaulich belegen, wie dieses schreckliche Ereignis auch das Alltagsbewusstsein und zwischenmenschliche Beziehungen beeinflusste. Der erste Eintrag erfolgte am Montag, dem 10. Mai 1915: »Wenn es noch eine Steigerung des Entsetzlichen, eine Übergreuelung der Greuel geben kann, so ist wohl die Torpedierung und Versenkung des englischen Riesendampfers ›Lusitania‹ der Gipfel des Schreckens. Das Schiff, mit 1978 Personen an Bord, darunter zwei Drittel Passagiere, und von denen die gute Hälfte Frauen, Kinder und Säuglinge, ist in der irischen See von einem deutschen U-Boot vernichtet worden. Freilich heißt es, das Schiff sei armiert gewesen (was die britische Admiralität bestreitet) und habe große Mengen Kriegsmunition an Bord gehabt, und freilich hat der deutsche Botschafter in Amerika unter dem Hohn der deutschfeindlichen Blätter die Passagiere gewarnt, die Kriegszone auf englischen Schiffen zu befahren. Es mag also sein, dass vom Standpunkt des Kriegsrechts aus der schauderhafte Mord unangreifbar ist. Gleichwohl – mich ekelt's hier noch nach Recht und Unrecht zu suchen, wo jedes menschliche Empfinden vor Grauen aufschreien muss. Was war das vor drei Jahren für ein Jammer auf dem ganzen Erdball, als die ›Titanic‹ auf einen Eisberg lief. Heute sind wir weit entfernt vom Jammern. ›Laute Freude‹ konstatiert die ›Münchner Zeitung‹, weil der ingeniöse deutsche Technikergeist die Maschinen ersonnen hat, die jeden Eisberg weit übertrumpfen und deutscher Heldensinn diese Maschinen ohne falsche Scham sicher und wirkungsvoll zu gebrauchen weiß. Oh Scham vor den Sternen am Firmament!«

Einen Tag später notierte Mühsam: »Die Lusitania-Geschichte scheint dem deutschen Ansehen in der ganzen Welt den Rest gegeben zu haben. Und natürlich schreibt man weder auswärts noch hier die Schuld dem Kriege zu, der aus guten Menschen Mörder und Verbrecher macht, sondern in Amerika, Holland, der Schweiz und erst recht den ›feindlichen‹ Ländern, den salles boches, den deutschen Barbaren, bei uns aber dem perfiden Albion. Eine Verständigung ist unmöglich, weil man hierzulande alles formale Kriegsrecht, ohne sich selbst daran zu halten, als anständig annimmt, anderwärts den Baby-Mord unabhängig vom Haager Übereinkommen beurteilt … Italien scheint immer noch unschlüssig, ebenso Rumänien. Den Krieg selbst aber werden wir uns wohl als Dauerinstitution allmählich angewöhnen müssen. Und jeder führt ihn im Namen der wahren Kultur, der höchsten Sittlichkeit und des einzig rechtverstandenen Christentums.«

Und auch bei seinem Besuch des kranken Frank Wedekind im Münchner »Josephinum« war der »Gesprächsstoff hauptsächlich Krieg«, wie es im Eintrag vom 12. Mai 1915 heißt. Wedekind, den Mühsam zu seinen »wahren Freunden« zählte, teilte seine Meinung: »Auch er sieht die größte Gefahr in der Militarisierung Europas durch den deutschen Sieg und sprach sehr hart über die entsetzlichen Franktireursbestrafungen in Belgien und den Unterseebootkrieg, besonders den Fall ›Lusitania‹. Einige Äußerungen, die mir haften blieben: ›Es sollte mich nicht wundern, wenn der Krieg demnächst nur noch mit Giften und Chemikalien geführt werden wird‹.«

Am 14. Mai 1915 wird von »neuen Orgien der Deutschfeindlichkeit« in England als Reaktionen auf die Versenkung der

Der Schriftsteller Erich Mühsam beschrieb die »Lusitania«-Katastrophe in seinem Tagebuch als Schock- und Wendeerlebnis.

»Lusitania« berichtet: »Läden werden erstürmt, die Deutschen furchtbar bedrängt und neue Gegenmaßnahmen in Gestalt der Vergeltung an deutschen Gefangenen ersonnen. Man will also die Barbarei durch Barbarei bezwingen – und unsere Eiserne-Besen-Politiker kriegen dadurch erst recht Oberwasser. Dass in Deutschland aber viele sind, die die Scheußlichkeit des U-Boot-Kriegs ebenso beurteilen wie das ganze Ausland, erfährt dort Niemand, weil der Zustand des Militärdespotismus uns das Maul zuhält. Es sieht unsäglich traurig aus in der Welt.«

Die Notizen vom 17. Mai 1915 informieren über eine Protestnote der amerikanischen Regierung und »neuerliche Maßnahmen« der Engländer: »Die deutschen Blätter dürfen sie offenbar noch nicht abdrucken. Ich las sie aber in der ›Neuen Zürcher Zeitung‹. Sie ist sehr energisch gehalten und bestreitet Deutschland entschieden das Recht, den Unterseebootkrieg in den bisher geübten Formen zu führen. Gleichzeitig verlangt sie Entschädigung. Es wird ausgeführt, dass das Völkerrecht die Torpedierung von Handelsschiffen ohne vorherige Warnung und auf den bloßen Verdacht hin, sie führten Konterbande, ausdrücklich verbiete. Sehr deutlich wird dann der Verstoß gegen die Pflichten der Menschlichkeit und Gerechtigkeit gekennzeichnet. Natürlich wird die deutsche Regierung ihren Tirpitz decken, und man wird fortfahren, derartige Schandtaten zu begehen. Dabei kann ich aber persönlich doch nicht darüber hinweg, dass eine Schurkerei der Kriegsführung sich stets aus der anderen ergibt, dass das Suchen nach Schuld oder Nichtschuld höchst unfruchtbare Arbeit ist, und dass alle solche Entsetzlichkeiten eben doch einfach Konsequenzen des Kriegs selbst sind. – Als Antwort auf die Torpillierung (sic!) der ›Lusitania‹ hat nun die englische Regierung die neuerliche Verhaftung aller Deutschen angeordnet, deren sie habhaft werden kann, und in England und Südafrika werden von den empörten Volksmassen Brandstiftungen und Plünderungen an allem erreichbaren deutschen Eigentum veranstaltet, – worüber man sich nun wieder bei uns ausgiebig entrüstet. Natürlich hat jeder Recht: Barbaren sind sie alle. Ruchlos überfallen sind auch alle: jedes Land von der eigenen Regierung …«

In den Aufzeichnungen vom 25. und 28. Mai 1915 geht es um zentrale Probleme in Mühsams Privatleben, die ebenfalls von den »Lusitania«-Ereignissen beeinflusst wurden. Innerhalb der zahlreichen, komplizierten und ausschweifenden Frauenbeziehungen des Schriftstellers stellten sich damals zwei konkurrierende Verhältnisse als klärungsbedürftig heraus – die Langzeitbeziehung zu der 31-jährigen »köstlich natürlichen« Kreszentia Elfinger (genannt »Zenzl«) und das Nebenverhältnis mit der etwas »verbildeten« Malerin Fifi Elbogen aus Wien: »Mein Privatleben wird von zwei Dingen nachhaltig bewegt: den Geldsorgen mit den fast unüberwindlichen Schwierigkeiten, zur Regelung des äußeren Lebens und zur Vereinigung mit Zenzl zu gelangen, – und dem Fall Fifi. Gestern waren die beide Frauen zugleich bei mir, und die Unmöglichkeit, meine Beziehung zu Fifi aufrecht zu halten, wurde mir im Vergleich mit (der) natürlichen, ungekünstelten und unverbildeten

Zenzl furchtbar klar (…) Ein Gespräch über die ›Lusitania‹-Affäre hat mir die Augen geöffnet. Meinem furchtbaren Entsetzen über die Ermordung so vieler Kinder und Frauen hatte sie nur die Erwägung entgegenzustellen, dass es jetzt, wo so viele Männer fallen, vielleicht grade gut ist, wenn das durch den Tod von Frauen und Kindern ausgeglichen wird.« (25. Mai 1915)

Drei Tage später waren die Verhältnisse dann geklärt, Mühsam hatte Fifi noch einmal besucht und berichtet: »Die Trennung von Fifi vollzog sich peinlich und schmerzvoll. Es ist der erste Fall in meinem Leben, dass ich mit einer Frau ungut auseinander komme (…) Ich fühlte das Bedürfnis, die Aussprache ganz ehrlich und umfassend zu gestalten und ging deshalb auf die trennenden Punkte in unseren Naturen ein, die sich bei dem Lusitania-Gespräch im Englischen Garten so deutlich gezeigt hätten. Damals hatte mich ihre rechnerische Betrachtungsweise der Katastrophe furchtbar verstimmt, und meine Gereiztheit wurde geradezu feindselig …«

Mit »Zenzl« hingegen verlebte er danach »sehr, sehr süße Stunden« und heiratete sie wenige Wochen später. Der Eintrag ins Tagebuch vom 15. September 1915 verzeichnete nur ein Wort: »Verheiratet«. Die Tochter aus einer oberbayerischen Gastwirts- und Hopfenbauernfamilie teilte nicht nur Mühsams Mitleid mit den »Lusitania«-Opfern, sondern wurde eine emanzipierte politische Mitkämpferin für die Münchner Räterepublik. Während der Festungshaft ihres Mannes setzte »Zenzl« sich unermüdlich für eine Amnestie der Räterevolutionäre ein. Auch ihr Leben sollte tragisch verlaufen: Nach der Ermordung Mühsams 1934 im KZ Oranienburg flüchtete sie über Prag nach Moskau. Doch aus dem antifaschistischen Exil wurde stalinistische Verbannung. Wegen »konterrevolutionärer trotzkistischer Tätigkeit« musste sie fast 20 Jahre in sowjetischen Straflagern verbringen. Erst 1954 kam »Zenzl« frei und durfte in die DDR ausreisen, wo sie 1962 starb. Nach dem Ende der DDR wurde ihre Urne in das Ehrengrab ihres Mannes auf dem Waldfriedhof Berlin-Dahlem überführt.

Die gemeinsame Empörung über die Verunglimpfung der »Lusitania«-Opfer im Mai 1915 hatte zur Heirat von Erich Mühsam und Kreszentia Elfinger geführt. Das Thema sollte die Tagebücher noch bis zum September 1916 beschäftigen. Mühsam diskutierte mit Freunden und Gegnern über Recht und Moral im U-Boot-Krieg, so auch mit Ludwig Thoma. Thoma hatte vor dem Krieg zusammen mit Hermann Hesse die Zeitschrift *März* herausgegeben, war Autor der satirischen Wochenzeitschrift *Simplicissimus* und galt als linksliberaler Kritiker von Gesellschaft, Kirche und Staat. Nach Ausbruch des Kriegs änderte er jedoch seine Auffassungen und meldete sich freiwillig und begeistert als Sanitäter zum Einsatz an der Ostfront. Mühsam berichtet am 9. Juli 1915 über »ein zweistündiges Gespräch mit Ludwig Thoma« im Münchner Hofgarten: »Thoma ist Sanitätsmann und war auf Urlaub aus Galizien hier. Es ist insofern von Interesse, mit ihm zu reden, als er der Vertreter des offiziellen Regierungspatriotismus ist. Etwas derartiges von kriegerischer Begeisterung, wie dieser Simplizissimus-Revoluzzer von sich gibt, hört man nicht alle Tage. Beim Namen Lusitania strahlte er. Der erste tote Russe, den er sah, hat gar keinen Eindruck auf ihn gemacht. Gut, dass der Kerl hin ist – war seine einzige Empfindung. Vom U-Bootkrieg ist er entzückt. Der Krieg wird aufhören, wenn alle Feinde unterliegen etc. – Ich wahrte meinen Standpunkt energisch und muss zugeben, dass Thomas Phlegma davon unberührt blieb.«

Mit anderen U-Boot-Krieg-Begeisterten, wie zum Beispiel Thomas Mann, scheint Mühsam nach der »Lusitania«-Katastrophe den Kontakt abgebrochen zu haben. Anfang Februar des Jahres 1915 hatte er einer Lesung aus Manns *Gedanken im Krieg* im Münchner Kunstsaal Steinicke beigewohnt und den Eindruck gewonnen, dass der Autor »auf Deutschland alle Tugenden, auf das Ausland – in der unhöflichsten Weise – alle Laster häuft«. In seinem Einleitungsvortrag habe er sich »in dezidiertester Form zum Evangelium der reinsten Ästhetik bekannt«. Bei Heinrich Mann hingegen sei die Form »Voraussetzung« und nicht

»Zweck«, daher sei er »viel bedeutender und wertvoller als sein Bruder«.

Begeistert zeigte sich Mühsam am 25. Juni 1915 über einen »Zola«-Vortrag Heinrich Manns, wahrscheinlich eine Lesung aus dem Manuskript des Essays, der in der Novemberausgabe von René Schickeles *Weißen Blätter* erscheinen sollte: »Da sprach Verwandtschaft und Bewunderung, und dadurch strahlte das Feuer des Besprochenen durch den Sprecher auf den Hörer. Einleitend sagte Mann ein paar prächtige Worte über die Pflicht der Geistigen, das Band des Geistes zwischen den Ländern neu zu knüpfen. Ein paar gute Bemerkungen streiften den Gedanken der inneren Verbindung zwischen dem Geistigen und dem Volk, die Mann als Demokratie auffasst. Was er sagte, ergriff mich und erhob mich. Es war schön, mutig und stark.«

Angesichts weiterer »U-Boot-Untaten« im östlichen Mittelmeer nach dem »Muster ›Lusitania‹« begriff Mühsam die Idee Heinrich Manns, »das Band des Geistes zwischen den Ländern neu zu knüpfen«, als aktive Aufforderung zur internationalen Ächtung der deutschen und österreichischen Regierungen. Die jüngste »Heldenschandtat« war am 30. Dezember 1915 die Torpedierung und Versenkung des britischen Post- und Passagierdampfers »Persia« in der Nähe von Kreta, wobei 343 Passagiere und Mannschaftmitglieder ums Leben kamen, darunter auch zahlreiche Frauen und Kinder. Zu den prominenten Opfern gehörten auch der amerikanische Senator und designierte Konsul von Aden, Robert N. McNeely, die englische Schauspielerin Isabella Fladgate, der Berater des Maharadschas von Karpurthala, Inder Singh, die Ärztin und Leiterin des Dufferin Hospital in Lahore, Elizabeth E. Smith, sowie der konservative britische Politiker und Verleger Lord Beaulieu und seine Begleiterin Eleanor Thornton. Verantwortlich für die »Persia«-Katastrophe war das deutsche U-Boot »U-38« unter dem Kommando des berüchtigten Max Valentiner, von dem bereits die Rede war. Die Passagiere saßen ahnungslos im Speisesaal, als der Torpedo in den Maschinenraum einschlug und eine schwere Explosion verursachte. Der Dampfer neigte sich nach Backbord und sank so schnell, dass die meisten Passagiere – wie im Fall der »Lusitania« – keine Chance hatten, ein Rettungsboot zu erreichen.

Fassungslos notierte Mühsam am 4. Januar 1916, dass »die ›Persia‹ keine Waffen oder Munition zu befördern gehabt« hätte, dass sie »nicht bewaffnet« gewesen sei, »keinen Widerstand geleistet« habe und »nicht gewarnt worden« sei. Man habe, »um ein paar Postsäcke zu vernichten, hunderte von Menschen, darunter massenhaft Frauen und Kinder, durch Meuchelmord umgebracht« – und das, nachdem die verantwortlichen »Zentralregierungen« bereits durch »die Lusitania, die Arabic – und die Ancona-Untaten« bloßgestellt worden seien. Man solle »nie wieder mit den Regierungen dieser Länder eine Gemeinschaft, sei es in Gestalt von Verträgen oder irgendwelchen Übereinkommen treffen«. Heinrich Mann habe Recht: »Bei diesen Völkern ist eine Hypertrophie des Staatsgedanken ausgebrochen, durch die jede menschliche und anständige Regung unterbrochen ist, und die kritiklos alles billigt, was der Stärkung dieser Idee dienen könnte. Das deutsche Reich als politische Organisation, das Hohenzollerntum, die Militärgewalt, alles ist unserem Volk wichtiger als Recht und Charakter. Für diese Phantome ist es bereit, jedes Verbrechen gutzuheißen und selbst zu begehen.« Und am 29. März 1916 ergänzte er: »Tagtäglich werden neue Heldenschandtaten gemeldet. Französische, englische, holländische, norwegische Passagierschiffe werden ungewarnt einfach versenkt. Die ›Lusitania‹-Praxis ist obenauf …«

Karl Liebknechts Flugblatt

Mehr als alle anderen Kriegsgräuel sollte die »Lusitania-Praxis« auch die durch Militärzensur eingeschränkte politische Öffentlichkeit des Deutschen Reichstags beschäftigen. So wurde am 28. Mai 1915 in Berlin, zu Beginn der Parlamentsdebatte über den Kriegseintritt Italiens, ein Flugblatt mit dem berühmt gewordenen Titel »Der Hauptfeind steht im eigenen Land!« verteilt. Darin hieß es: »Auf die Verhandlungen Deutschlands und Österreichs mit Italien, von denen das Eingreifen Italiens abhing, gab man Euch keinen Einfluss. Als Unmündige wurdet ihr in dieser Lebensfrage behandelt, während die Geheimdiplomatie, während eine Handvoll Leute in Berlin und Wien um das Geschick Deutschlands würfelte. Durch die Torpedierung der ›Lusitania‹ wurde nicht nur die Macht der englischen, französischen und russischen Kriegsparteien gefestigt, ein schwerer Konflikt mit den Vereinigten Staaten heraufbeschworen, das ganze neutrale Ausland zu leidenschaftlicher Empörung gegen Deutschland aufgebracht, sondern auch der italienischen Kriegspartei gerade in der kritischen Zeit ihr verhängnisvolles Werk erleichtert – auch dazu hat das deutsche Volk schweigen müssen; die eiserne Faust des Belagerungszustandes drückte ihm die Gurgel zu.«

Anonymer Verfasser war der SPD-Abgeordnete Karl Liebknecht. Seine radikale Position gegen die »Burgfriedenspolitik« sollte nicht nur zur Isolierung im Parlament, sondern auch zum Ausschluss aus der sozialdemokratischen Fraktion führen. Liebknecht beschrieb die Stimmung in der Fraktion als »dermaßen englandfeindlich«, dass sie kaum von der Position der bürgerlichen Rechten zu unterscheiden sei. Die Mehrheit der Sozialdemokraten erkläre England zum »Hauptverantwortlichen auch für die Versenkung der ›Lusitania‹«. Sie werfe sogar die Frage auf, »ob England diese Versenkung nicht absichtlich provoziert habe, um Stoff zu einem neuen Kesseltreiben gegen Deutschland zu haben«.

Um den lautstarken Gegenagitator Liebknecht mundtot zu machen, hatte man ihn bereits im März 1915 – obwohl er Mitglied des Reichstages *und* des Preußischen Abgeordnetenhauses war – als »Armierungssoldat« eingezogen und an die Ostfront geschickt. Dabei hatte er nicht nur das Glück, dass ihn keine russische Kugel traf, sondern auch, dass sein Bekanntheitsgrad ihm einen gewissen Freiraum verschaffte, um in den wenigen Ruhestunden oder während des Wachdienstes Zeitungen zu lesen, Briefe zu schreiben und sogar politische Erfahrungen zu sammeln. »Die Stimmung der Armierungssoldaten ist sehr erregt, ja empört«, schrieb er seiner Frau Sophie. Alle hätten die »die Schweinerei satt« – mit Ausnahme der Führungskräfte. Gleich »in den ersten Tagen« seien auch »allerhand Offiziere« bei ihm »aufgetaucht«, »darunter zwei Prinzen«, um mit ihm »beim Kanonendonner zu diskutieren«. Das sei von beiden Seiten »mit aller Deutlichkeit« geschehen: »Ich sagte ihnen die ganze Wahrheit ins Gesicht und erhielt das Zugeständnis des deutsch-österreichischen Angriffs, eine Apologie des Kronprinzenmordes von Sarajewo als eines wahren Segens, die ungenierte Verfechtung des Eroberungszieles und von einem das Bekenntnis, dass er seit Jahren für den Krieg gearbeitet habe und der Krieg noch ein bis zwei Jahre dauern müsse ...«

Auch wenn Liebknecht zu Sitzungen des Reichstages und des Abgeordnetenhauses vom Militärdienst beurlaubt werden musste, war sein Hauptproblem das offizielle Verbot jeder politischen Betätigung außerhalb des Parlamentes – auch während der Freizeit und im Urlaub. Dennoch war er maßgeblich am Aufbau der oppositionellen »Gruppe Internationale« beteiligt, die später als »Spartakusbund« bekannt wurde. Als Liebknecht im Frühjahr 1916 versuchte, im Parlament öffentlich über den am 15. März erfolgten Rücktritt von Admiral Tirpitz und die Folgen für den »uneingeschränkten U-Boot-Krieg« zu diskutieren, wurde er in verschiedenen Sitzungen am Reden gehindert und sogar tätlich angegriffen. So konnte er seine Meinung nur schriftlich zum Ausdruck bringen. In einem vom 15. April 1916 datierten *Brief der Spartakusgruppe* heißt es: »Das Völkerrecht liegt in Atome zerfetzt in den Gossen. Der Gedanke einer Reglementierung der Kriegsraserei ist als närrischer Wahn erwiesen. Seine Bestimmungen heute als Zauberformeln gegen die Gefahren des U-Boot-Kriegs anpreisen, kann nur die Sache einer Politik sein, die aus der bitterernsten Predigt des Weltkriegs nichts gelernt hat

»Das Völkerrecht liegt in Atome zerfetzt in den Gossen.« Die Spartakus-Führer Karl Liebknecht (Mitte) und Rosa Luxemburg.

und bestenfalls die Politik zerstörter Illusionen durch eine Politik neuer Illusionen ersetzen will. Dass ›auch‹ für den U-Boot-Krieg das Völkerrecht zu gelten habe, bedeutet noch obendrein die Unterstellung, als ob die Bestimmungen des Völkerrechts, abgesehen vom U-Boot-Krieg, heute tatsächlich in Geltung seien.«

Trotz der großen Behinderung gelang es Liebknecht und seiner Gruppe, zum 1. Mai 1916 eine Protestdemonstration auf dem Potsdamer Platz in Berlin zu organisieren, an der einige Tausend überwiegend junge Arbeiter und Soldaten teilnahmen. Liebknecht wurde von der Polizei gezielt aus der Menge herausgegriffen und verhaftet, nachdem er gerufen hatte: »Nieder mit dem Krieg! Nieder mit der Regierung! Es lebe der Friede!« Auch Heinrich Mann war zu dem Zeitpunkt in Berlin und berichtete später, »dass bei der Maidemonstration am Potsdamer Platz 20 000 Menschen beteiligt gewesen seien, und es sei dabei auch Blut geflossen, indem, zwar nicht von den Wehrkraftbuben (eine vormilitärische Jugendorganisation), aber von der Polizei in die Menge geschossen wurde. In der Wilmersdorfer Straße in Charlottenburg seien eine ganze Menge Fleischläden demoliert worden, kurzum, die Stimmung sei durchaus hoffnungserweckend …«

Zwar hatte Heinrich Mann mit seiner Zahlenangabe übertrieben, aber die militärischen Machthaber waren doch überrascht, dass diese Antikriegskundgebung in Berlin überhaupt stattfinden konnte und selbst im Ausland registriert wurde. So erschien am 12. Mai 1916 in der niederländischen Zeitung *Nieuws van den Dag* ein ausführlicher Artikel über die »gewaltsame Niederschlagung der deutschen Friedensströmung«. Ähnlich berichteten der *Daily Telegraph*, *L'Humanité* oder die *Berner Tagwacht*. Und die italienische Zeitschrift *La Domenica Illustrata* brachte am 14. Mai sogar eine Fotodokumentation, die belegen sollte, dass der Schusswaffeneinsatz gegen die Berliner Demonstranten »25 Tote und 200 Verletzte« gefordert hätte. Die Tatsache, dass Demonstrationsberichte und Flugblätter »auch in das Ausland gedrungen« seien, sollte sich neben dem Vorwurf der »Widerstandsleistung« verschärfend für das Kriegsgerichtsurteil gegen den »Landesverräter« Liebknecht auswirken. Unter Verlust seines Reichstagsmandats wurde er am 28. Juni 1916 in erster Instanz zu zweieinhalb Jahren und kurz darauf in der Berufung zu vier Jahren und einem Monat Zuchthaus verurteilt. In seiner Beschwerde gegen das Urteil fragte Liebknecht: »Warum verschweigt die Anklage, dass mich nach der Festnahme ein paar Patrioten, offenbar Jünger von der Geheimzunft des Herrn von Jagow (der damalige Polizeipräsident; W. J.), mit Spazierstöcken über den Kopf traktierten, wobei der eine zufrieden bemerkte: ›Die höchste Zeit, dass wir den haben‹.«

Im Oktober 1918 kam Liebknecht zwar aufgrund einer allgemeinen Amnestie frei – doch nur zweieinhalb Monate später, nach dem Januaraufstand der »Spartakisten«, wurde er zusammen mit seiner Kampfgefährtin Rosa Luxemburg von Soldaten der Garde-Kavallerie-Schützendivision verschleppt, misshandelt und brutal ermordet. Das geschah, wie sich inzwischen herausgestellt hat, mit Billigung des Militärbeauftragten der neuen sozialdemokratischen Regierung, Gustav Noske, der auch die berüchtigte Losung ausgab: »Einer muss den Bluthund machen«. Karl Liebknecht hatte schon in seinen Zuchthausbriefen vom Juli 1916 erkannt und ausgesprochen, dass der »Hassgesang in allen Schulen« und die »barbarischen Hetzreden einiger Heerführer an ihre Soldaten« eine »höllische Orgie« entfacht hätten, deren »Geist« es war, »der die ›Lusitania‹-Greuel gebar …«

Welche Brutalisierungsprozesse und Mentalitätswidersprüche sich im und nach dem Ersten Weltkrieg in der deutschen Gesellschaft manifestierten, hat die Geschichtswissenschaft nicht hinreichend erklären können. Die wohl einfühlsamste und zugleich verstörende Annäherung an das Geschehen ist Alfred Döblins monumentales Erzählwerk *November 1918. Eine deutsche Revolution*. Der mehr als 2000 Seiten umfassende Roman entstand im amerikanischen Exil und erinnert thematisch und methodisch an Karl Kraus' Darstellungen des *Untergangs der Welt durch schwarze Magie*. Der Autor entwirft multiple Erzählperspektiven, die wie moderne Filmschnitte wirken und dokumentiert zeitgenössische Quellen, wie die Berliner Zeitungen – dennoch wird die Handlung von »dunklen Strahlungen« überlagert. Die Hauptgestalt des Romans kommt nicht weiter mit seinen Fragen, »von wo das Entsetzen des Krieges gekommen war, die Unbegreiflichkeit und die Schmach des jahrelangen Mordens, woher mitten im Dasein plötzlich das Auftauchen einer Existenz, vor der man sich als Mensch schämen müsste.«

Täter und Opfer

Das Ende der »U-20«

Die Empörung der Kriegsgegner, ausländische Proteststürme und der diplomatische Notenwechsel nach der Versenkung der »Lusitania« und anderer Passagierschiffe hatten die verantwortlichen deutschen Kommandeure unbeeindruckt gelassen. Auch Walther Schwieger betrieb weiterhin sein mörderisches Geschäft vor der irischen Küste und in der Nordsee. Nur vier Monate nach der »Lusitania«-Katastrophe torpedierte er südwestlich von Fastnet den unbewaffneten kanadischen Dampfer »Hesperian«, wobei durch glückliche Umstände »nur« 32 Menschen ums Leben kamen. Und allein in den folgenden drei Tagen versenkte Schwieger fünf weitere Schiffe. Genau am Jahrestag der »Lusitania«-Versenkung nahm er den White-Star-Dampfer »Cymbric« ins Visier. Es waren zwar keine Passagiere an Bord, aber sechs Besatzungsmitglieder mussten sterben.

Das skrupellose Vorgehen der deutschen U-Boote führte zu Reaktionen der britischen Marine, die sich ebenfalls nicht mit geltenden Kriegs- und Völkerrechtsbestimmungen vereinbaren ließen. Gefürchtet war vor allem der Einsatz sogenannter »Q-Schiffe« oder »U-Boot-Fallen«. Es waren getarnte Kriegsschiffe, die aussahen wie normale Handelsschiffe, jedoch hinter einklappbaren Sichtblenden Geschütze verbargen. Sie sollten feindliche U-Boote dazu veranlassen, sich zu nähern und aufzutauchen. Wenn ein U-Boot dann in Schussweite war, hisste das vermeintliche Handelsschiff die Kriegsflagge und ging unerwartet zum Angriff über. Der bekannteste Fall dieser Art, in dem die Täter unerwartet zu Opfern wurden, war die Versenkung des deutschen U-Bootes »U-27« durch das britische Q-Schiff »Baralong« am 19. August 1915. Dabei wurden alle zwölf überlebenden Besatzungsmitglieder des U-Boots, die im Wasser schwammen, auf Befehl des britischen Kommandanten der »Baralong«, Godfrey Herbert, erschossen.

Wenig zimperlich gingen die Engländer später auch bei der Zerstörung der deutschen U-Boot-Häfen von Ostende und Zeebrugge vor. Um den Angriff vorzubreiten, mussten die deutschen Stellungen auf dem Hügel von Wytschaete ausgeschaltet werden. In der Nähe des belgischen Städtchens Mesen (Messines) wurden im April 1917 in Schächten unter den Stellungen 19 Landminen mit einer Sprengkraft von je 21 Tonnen platziert und gleichzeitig gezündet. Die gewaltige Explosion zerfetzte tausende von deutschen Soldaten und soll angeblich selbst in Dublin noch zu hören gewesen sein.

Die letzte Fahrt der »U-20« endete nicht ganz so dramatisch. Nach einer gemeinsamen Aktion mit der »U-30« im norwegischen Einsatzgebiet liefen beide Boote bei der Rückfahrt am 4. November 1916 vor der dänischen Küste, nahe Bovsbjerg, in dichtem Nebel auf eine Sandbank. Ähnlich wie Kapitän Turner, der die »Lusitania« zu Orientierungszwecken fatalerweise in Sichtweite des Felsenturms von Old Head of Kinsale gesteuert hatte, erhofften sich auch die deutschen U-Boot-Kommandanten Navigationshilfe von einem Leuchtturm. Doch auch der Turm von Bovsbjerg war in diesem Fall kein sicherer Wegweiser. Auch dieses Wahrzeichen der jütländischen Westküste erinnert an eine lange Geschichte furchtbarer Schiffskatastrophen, wie das »Strandingsmuseum St. George« anschaulich dokumentiert. Die tückischen Untiefen der Sandbänke wurden Tausenden von Schiffen zum Verhängnis, so schon den 1811 gestrandeten englischen Admiralsschiffen »St. George« und »Defence«. Und nur wenige Monate vor der letzten Fahrt der »U-20« hatte in den jütländischen Gewässern die »Skagerrakschlacht« stattgefunden, die einzige große Schlacht zwischen der deutschen Hochseeflotte und der britischen »Grand Fleet«. Obwohl sich auch die neuen englischen Schlachtschiffe, die furchteinflößenden »Dreadnoughts«, als verwundbar erwiesen und die Engländer höhere Verluste hinnehmen mussten als die Deutschen, endete die Schlacht am 1. Juni 1916 »unentschieden«. An einem einzigen Tag wurden 10 000 Menschenleben geopfert, ohne dass sich etwas an der strategischen Ausgangslage geändert hätte. Die Royal Navy konnte die Seeblockade weiterhin aufrechterhalten, und die deutsche Marine setzte bis Kriegsende nur noch auf ihre U-Boot-Waffe.

Wie wichtig die U-Boote für die deutsche Marineführung geworden waren, zeigte sich daran, dass Vizeadmiral Reinhard Scheer zur Bergung der beiden vor der dänischen Küste gestrandeten Boote eine kleine Armada von Schlachtschiffen und Großtorpedobooten in Bewegung setzte. Während es gelang, die »U-30« schnell wieder flott zu bekommen, musste man die »U-20« nach vergeblichen Bemühungen aufgeben. Das Ende ihrer letzten Fahrt wirkte nicht tragisch, sondern eher kläglich, wie ein Reporter des lokalen *Holstebro Dagblad* berichtete. Am Morgen des 5. November hatte sich auch im küstennahen Lemvig die Havarie der »U-20« wie ein Lauffeuer herumgesprochen. Die aufgeregten Leute fanden kaum Zeit, »ihren Frühstückskaffee zu trinken«, sie wollten unbedingt so schnell wie möglich zum Strand gelangen. Autos, Motorräder und Fahrräder hatten die Landstraße »verstopft« und auch im 9.30-Uhr-Zug in Richtung Westen war kaum noch ein Platz zu finden. Als der Reporter gegen zehn Uhr den Strand erreichte, hatten sich dort bereits einige hundert Menschen versammelt. Sie sprachen mit der Besatzung eines dänischen Rettungsboots, das nicht zum Einsatz gekommen war, weil man die Hilfe abgelehnt hatte.

Nur etwa 30 Meter vom Strand entfernt lag das »ansehnliche« deutsche U-Boot, das die »Lusitania« versenkt hatte, nun selbst hilflos auf einer Sandbank. Es war grau gestrichen und bewegte sich nur schwach in der Brandung, die unregelmäßig über das niedrige Vorderdeck spülte und am Strand kleine Schaumkronen hinterließ. Auf dem Boot standen der Kapitän und seine Mannschaft in einer Gruppe zusammen und versuchten sich durch Flaggensignale mit den Bergungsschiffen zu verständigen. Offensichtlich waren alle Abschleppversuche gescheitert und man bereitete die Aufgabe des U-Boots vor. Es wurden Sprengleitungen angebracht, und Rettungsboote der Bergungsflotte evakuierten die Mannschaft. Kapitän Schwieger und ein Begleiter blieben bis zuletzt. Sie setzten die deutsche Flagge am Kommandoturm auf Halbmast und forderten durch ein Sprechrohr die dänischen Zuschauer energisch auf, in Deckung zu gehen, bevor auch sie in ein Rettungsboot stiegen. Es kam, wie der Reporter berichtet, noch zu einem dramatischen Finale, als die Sprengung schon eingeleitet war und der Motor der Barkasse aussetzte. Schwieger und seine Männer versuchten ihr Boot mit Bodenbrettern als Ersatzrudern aus der Gefahrenzone zu bringen. »Dann gab es einen ohrenbetäubenden Knall, schwarzer Rauch verdunkelte den Himmel und Metallstücke des gesprengten U-Bootes flogen durch die Luft.« Die Zuschauer, die in die Dünen geflüchtet waren, wurden selbst dort noch durch die Druckwelle zu Boden gerissen oder warfen sich »bäuchlings in den Strandhafer«. Wie durch ein Wunder gab es keine Verletzte. Auch das Rettungsboot hatte es geschafft, rechtzeitig einen sicheren Abstand zu gewinnen.

Glücklich darüber, dass sie das Ereignis heil überstanden hatten und offenbar auch zufrieden, dass die Bergungsaktion des U-Bootes gescheitert war, strömten die Leute zurück an den Strand, und begutachteten das übriggebliebene Wrack. Der ganze Vorderteil des U-Bootes war zersplittert, während die Mitte (einschließlich des Kommandoturms) und das Heck wenig Schaden erlitten hatten. »Es gab nur einen Mann in der Menschenmenge«, so der Reporter, »für den das Erlebnis Grund zu tiefer Trauer war. Es war ein deutscher Fischhändler, der sich gerade in Lemvig aufhielt. Als das Dynamit die Teile des U-Bootes in die Luft jagte und der Rauch das verstümmelte Schiff einhüllte, entblößte er sein Haupt und stammelte ein paar Worte,

Das Ende der »U-20«. Eine Gruppe von Dänen betrachtet das Wrack des gesprengten U-Boots am Strand.

während ihm die Tränen in den Augen standen.« Eine Gruppe von dänischen Frauen und Kindern hingegen ließ sich auf dem U-Boot-Wrack in einer Pose des stillen Triumphes fotografieren, gewissermaßen als Ehrengeste für die Opfer der »Lusitania«.

Am 6. April 1917 erfolgte die förmliche Kriegserklärung der USA an das Deutsche Reich. Kapitänleutnant Schwieger reagierte sehr persönlich darauf, denn nur einen Tag später übernahm er das Kommando über die »U-88«, das neueste und technisch bestausgerüstete deutsche U-Boot. In den folgenden vier Monaten versenkte er im nördlichen Atlantik wahllos feindliche und neutrale Schiffe, darunter den britischen Hilfskreuzer »Hilary«, den japanischen Passagierdampfer »Miyazaki Maru« und weitere 13 Handelsschiffe. Die letzte Fahrt der »U-88« sollte am 5. September 1917 in einem britischen Minenfeld nördlich der Insel Terschelling in einer gewaltigen Explosion enden. Es gab keine Überlebenden – auch Walther Schwieger war unter den Opfern.

Kriegswende und Mythen

Auch wenn die Versenkung der »Lusitania« noch nicht unmittelbar zum Kriegseintritt der Vereinigten Staaten von Amerika führen sollte, hatte Kapitänleutnant Schwieger mit seinem gezielten Torpedoschuss doch die politischen und psychologischen Voraussetzungen für die spätere Intervention geschaffen. Die Schärfe der amerikanischen Protestnoten glich bereits einem Ultimatum. In ihrem Rechtfertigungsversuch war die »Kaiserliche Regierung« bemüht, »in diesem Zusammenhang darauf hinzuweisen, dass die ›Lusitania‹ einer der größten und schnellsten mit Regierungsmitteln als Hilfskreuzer gebauten englischen Handelsdampfer war und in der von der englischen Admiralität herausgegebenen ›Navy list‹ aufgeführt ist«. Ihr sei »ferner aus zuverlässigen Angaben ihrer Dienststellen und neutraler Passagiere bekannt, dass schon seit längerer Zeit so gut wie alle wertvolleren englischen Handelsschiffe mit Geschützen, Munition und anderen Waffen versehen und mit Personen bemannt« seien, »die in der Bedienung der Geschütze besonders geübt sind«. Auch die »Lusitania« habe »nach hier vorliegenden Nachrichten bei der Abfahrt von New York Geschütze an Bord gehabt, die unter Deck versteckt aufgestellt waren«.

Das war eindeutig eine falsche Behauptung. Zwar standen die »Lusitania« und ihr Schwesterschiff »Mauretania« als potentielle Reserve-Hilfskreuzer auf der »Navy list«, doch die »Lusitania« ist – anders als die »Mauretania« – nie entsprechend umgerüstet und mit Kanonen bestückt worden, wie die Untersuchungen der New Yorker Hafenbehörden belegen und alle Überlebenden bezeugt haben. Auch im offiziellen Bericht des deutschen Marinearchivs über den »Seekrieg 1914–1918« heißt es: »Die von der deutschen Regierung ausgesprochene, auf Nachrichten des Admiralstabs beruhende Annahme, dass die ›Lusitania‹ bewaffnet gewesen sei, hat sich später als unrichtig herausgestellt.«

Unbestreitbar hingegen ist, dass zur registrierten Fracht der »Lusitania« auch mehrere Tausend Kisten mit Remington-Ge-

Eine deutsche Karikatur illustriert die Behauptung vom Munitionstransport auf der »Lusitania«, die hier »Explositania« heißt.

wehrpatronen, leeren Schrapnellhülsen und nichtexplosiven Zündern gehörten, die nach internationaler Definition als »Konterbande« zu betrachten waren. Doch an der Einschätzung des völkerrechtswidrigen Akts der Versenkung der »Lusitania« ändert sich dadurch nichts. Unbewaffnete Handelsschiffe durften – selbst wenn ein Teil der Ladung aus »Konterbande« bestand – erst dann versenkt werden, wenn das Schiff rechtzeitig gewarnt und umfassend für die Sicherheit von Passagieren und Besatzung gesorgt worden war.

In der deutschen Rechtfertigungspropaganda wurde deshalb behauptet, dass ein so großes Schiff wie die »Lusitania« mit einem einzigen Torpedo niemals hätte so schnell versenkt werden können, »normalerweise« hätten Passagiere und Besatzung Zeit genug gehabt, um sich zu retten. Die Katastrophe sei nicht durch den Torpedo verursacht, sondern durch die Explosion von großen Mengen an Sprengstoff, die ohne Deklaration mitgeführt worden seien. Seit 1935, dem Jahr der Ortung des Wracks der

»Lusitania«, haben immer wieder Taucherexpeditionen nach möglichen Ursachen für die zweite Explosion gesucht, aber nie Spuren einer Sprengstoffladung entdecken können.

Die gründlichste Untersuchung des Wracks führte 1993 das Team des Tiefseeforschers Robert D. Ballard durch. Man stellte fest, dass die Entfernung zwischen der Stelle, wo der Torpedo einschlug, und den Laderäumen, wo sich theoretisch nicht registrierter Sprengstoff oder explosive Munition befunden haben könnte, zu groß war. In unmittelbarer Nähe des Einschlags befanden sich allerdings die Kohlenbunker. Ballard ist überzeugt, dass die zweite Explosion durch Entzündung von Kohlenstoff, »einer mit Sauerstoff aufgeladenen höchst reaktiven Mixtur«, ausgelöst worden sein muss, »eine massive, unkontrollierbare Explosion, eine Flutwelle aus Feuer, die durch das Unterdeck raste und sich den Weg durch die Bordwand freisprengte«.

Eine bis heute verbreitete Verschwörungstheorie behauptet, die britische Admiralität unter Winston Churchill habe die »Lusitania« absichtlich vor das Torpedorohr des deutschen U-Boots gelotst. Der Minister habe bewusst amerikanische Todesopfer einkalkuliert, um die USA zum Kriegseintritt zu bewegen. Diese Theorie stützt sich auf gewisse Ungereimtheiten in den britischen Anweisungen und Handlungen. Tatsache ist, dass die britische Admiralität in der Lage war, die Funksprüche der deutschen Marine durch ihre Geheimdienstabteilung »Room 40« zu entschlüsseln, und vor der Katastrophe über die Position der »U-20« informiert gewesen sein muss. Offensichtlich hat Kapitän Turner diese Information nicht erhalten und auch keine Empfehlung, den Kurs der »Lusitania« zu ändern. Ob die Informationsübermittlung aufgrund von Fehleinschätzungen oder widersprüchlichen Auffassungen innerhalb des britischen Geheimdienstes ausgeblieben ist, konnte nicht geklärt werden.

Einfacher zu beantworten ist die Frage, warum der in der Nähe weilende britische Kreuzer »Juno« keinen Begleitschutz übernahm, sondern die Order bekam, nach Queenstown zurück-

Winston Churchill verantwortete als Erster Lord der Admiralität von 1911 bis 1915 die englische Marinepolitik.

zukehren. Wäre der Kreuzer als Begleitschutz eingesetzt worden, hätte die »Lusitania« jeglichen völkerrechtlichen Anspruch auf Schonung verloren, da alle Schiffe »im Konvoi« ohne Warnung versenkt werden durften. Außerdem war der völlig veraltete und langsame Kreuzer »Juno« nicht zur Abwehr von U-Booten ausgerüstet und hätte nur selbst ein gutes Ziel abgegeben.

Die Reaktionen der britischen Admiralität nach der Katastrophe sprechen nicht für die Existenz »teuflischer« Komplottpläne Churchills. Der Leiter der Handelsabteilung, Captain Richard Webb, machte das New Yorker Cunard-Büro verantwortlich, weil es »von deutschen Spionen infiltriert« gewesen sei, die sich einen genauen Routenplan der »Lusitania« besorgt hätten. Churchill selbst und der Erste Seelord Jacky Fisher stimmten darin überein, dass sich vor allem Kapitän Turner einer »unvorstellbaren Fahrlässigkeit« schuldig gemacht hätte.

In den folgenden amtlichen Untersuchungen und gerichtlichen Verfahren wurden aus kriegsbedingten »Sicherheitsgrün-

Der deutsche »Kultur-Barbar« – hier auf einem Propagandaplakat der US-Armee.

den« Verfehlungen der Admiralität nicht öffentlich verhandelt. Der Schuldspruch des Richters über eine der »unentschuldbarsten Taten der Neuzeit« traf allein das kaiserliche Deutschland. Obwohl sich Kapitän Turner ungeschickt verteidigte, wurde er nicht zum Mitschuldigen abgestempelt. Er blieb im Dienst der Cunard-Company und erhielt als neue Aufgabe das Kommando über den Truppentransporter »Ivernia«. Am Neujahrstag 1917 wurde dieses Schiff ebenfalls von den Deutschen versenkt, und 36 Menschen fanden vor Kap Matapan den Tod. Turner überlebte auch dieses Drama.

Der mit der »Lusitania«-Torpedierung eingeleitete gezielte Massenmord an Zivilisten war ein Tabubruch, der zusammen mit anderen Ereignissen im Frühjahr und Sommer 1915 nicht nur die Art und Weise der Kriegsführung beeinflussen, sondern generell eine Kriegswende einleiten sollte. »Das moralische Weltgewissen war eben noch nicht so übermüdet und ausgelaugt wie heute«, erinnerte sich der Exilschriftsteller Stefan Zweig im Jahr

Am 6. April 1917 traten die USA unter Führung ihres Präsidenten Woodrow Wilson in den Krieg ein.

1942, kurz vor seinem Freitod in Brasilien. »Ein Rechtsbruch wie der Einmarsch Deutschlands in das neutrale Belgien« habe die Welt noch »erregen« können und »die Torpedierung der ›Lusitania‹« sei »dank des Ausbruchs universaler moralischer Entrüstung für Deutschland verhängnisvoller« geworden »als eine verlorene Schlacht«.

Deutschland und seine Verbündeten gerieten immer mehr in moralische und militärische Bedrängnis. Nach und nach schlossen sich der Entente 18 (!) neue Bündnispartner an, darunter so wichtige Länder wie Italien, USA, Portugal, Rumänien, Griechenland, Kuba, Brasilien oder China. Neu an die Seite der Mittelmächte stellte sich im Oktober 1915 allein Bulgarien. Der offizielle Kriegseintritt Italiens am 23. Mai 1915 wurde von dem fanatischen Schriftsteller Gabriele d'Annunzio begeistert als Antwort auf die deutsch-österreichische »Barbarei« gefeiert und er drückte im *Messagero* seine Hoffnung aus, dass die »Lusitania«-Opfer sich auch »nützlich« für eine amerikanische Kriegserklärung erweisen würden. An der neuen Front, die von der Schweizer Grenze über Tirol, entlang der Dolomiten und Alpen bis zur Adria reichte, entlud sich lang aufgestauter Hass. Besonders blutig verliefen die Gebirgsschlachten, die bis zum Oktober 1918 vor allem an den Flüssen Isonzo und Piave ausgetragen wurden. Es entwickelte sich – wie im Westen – ein langandauernder Stellungskrieg mit Angriffen und Gegenangriffen, mit tagelanger Artillerievorbereitung auf engstem Raum, Infanterievorstößen, Felssprengungen und erbitterten Nahkämpfen selbst in Höhen bis zu 4000 Metern.

Im Zusammenhang mit der Ausweitung des U-Boot-Kriegs im Mittelmeer entstanden bei den Österreichern zum Teil absurde Pläne für den Einsatz der neuen »Wunderwaffe«. Im August 1915 erwog man sogar ernsthaft, im Gardasee ein winziges U-Boot gegen die Dampfschiffe der italienischen Zollbehörden einzusetzen. Es handelte sich um ein zur Erforschung der Unterwasserfauna und Flora erbautes kleines Tauchboot, das sich im Hafen von Fiume befand. Das Vehikel war zwölf Meter lang, 2,70 Meter breit, wog 44 Tonnen und konnte eine maximale Tiefe von 50 Metern erreichen. Außerdem war es mit einem Bullauge und einer Unterwasserkamera ausgestattet. Die österreichische Marine kaufte das Boot für 200000 Kronen und rüstete es für einen kriegerischen Einsatz um – es wurde mit einem Torpedorohr ausgestattet, erhielt einen neuen Motor, ein Periskop und sollte sechs Männer als Besatzung aufnehmen. Nach einem detaillierten Plan sollte die »Geheimwaffe« zunächst per Bahn bis Trient transportiert werden und dann weiter auf Straßen über Terlago, Vezzano, durch das Sarcatal bis Riva. Man hatte sogar daran gedacht, speziell für diesen Transport die Etsch-Brücke zu verstärken. Schließlich wurde das Projekt doch nicht realisiert, wohl weil man am Gardasee alle Kräfte auf die Verteidigung des Monte Brione bei Riva konzentrieren musste.

Dem selbsternannten italienischen Kriegshelden d'Annunzio hätte eine Torpedoschlacht im Gardasee sicherlich gefallen.

Der Untergang der »Lusitania« als Niederlage der Zivilisation. Zeitgenössische Karikatur.

Nach dem Krieg ließ er auf der gleichen Route, die für den U-Boot-Transport vorgesehen war, den Bug des Kreuzers »Puglia« vom Mittelmeer nach Gardone schaffen, wo er bis heute als symbolisches Felsmonument die Gedenkstätte »Il Vittoriale degli Italiani« verziert. Der von d'Annunzio in Wort und Tat praktizierte präfaschistische »Kriegsfuror« glich generell dem Kampfrausch deutscher Freiwilliger, wie ihn der geläuterte Thomas Mann im *Zauberberg* beschreibt: »Sie sind ein Körper, darauf berechnet, nach großen Ausfällen noch handeln und siegen, den Sieg noch immer mit tausendstimmigen Hurra begrüßen zu können …«

In rascher Folge steigerte sich die Brutalität: Giftgaseinsatz an der Westfront, Zeppelinbomben auf London, das Gemetzel von Verdun, Hungerelend im Osten oder Völkermord in Armenien. Die Ereignisse im Jahr 1915 öffneten das Tor zu einem bisher nicht gekannten totalen Krieg. Millionen von Soldaten und Zivilisten sollten ihr Leben verlieren, weitere Millionen wurden verstümmelt oder traumatisiert. Schauerlich bleibt die Vorstellung, dass dieser massenhafte Mord und Selbstmord auch millionenfach in Manifesten, Essays, Gedichten, Romanen, Liedern, Bildern und Predigten herbeigesehnt und bejubelt worden war – »schlafwandlerisch« hineingestolpert ist man ganz sicher nicht.

Einige, wie Sigmund Freud, hatten schon früh vor drohender »Kulturlosigkeit« gewarnt. Bereits im August 1914, als Thomas Mann sich noch erwartungsfroh über »gute Feldpost« freute, »aus den Feldbefestigungen vor Verdun, dorther, wo die ehrenhafte Wirklichkeit, die wirkliche Ehre ist«, sprach Freud in einem Brief von einer »elenden Zeit«, die »dieser Krieg« bedeute, »der uns so arm macht an ideellen wie materiellen Gütern«. Und angesichts der verstörenden Ereignisse versuchte er 1915 in dem Essay *Zeitgemäßes über Krieg und Tod* seine Gedanken des Unbehagens zusammenzufassen: »Der Krieg, an den wir nicht glauben wollten«, heißt es da, »brachte die Enttäuschung. Er ist nicht nur blutiger und verlustreicher als einer der Kriege vorher, infolge der mächtig vervollkommneten Waffen des Angriffs und der Verteidigung, sondern mindestens ebenso grausam wie irgendein früherer. Er setzt sich über Einschränkungen hinaus, die man Völkerrecht genannt hatte. Er wirft nieder, was ihm im Wege steht, in blinder Wut, als sollte es keine Zukunft und keinen Frieden unter den Menschen nach ihm geben. Er zerreißt alle Bande der Gemeinschaft unter den miteinander ringenden Völkern und droht eine Erbitterung zu hinterlassen, welche eine Wiederanknüpfung derselben für lange Zeit unmöglich machen wird.«

Schon vor dem Krieg, vor allem in *Totem und Tabu*, hatte Freud sich mit völkerpsychologischen Aspekten der »Todesleugnung« beschäftigt. Der Essay von 1915 knüpfte daran an und beschrieb die Veränderung religiöser Schuldgefühle. Die Gültigkeit des Verbotes »Du sollst nicht töten« sei auf die Menschen allgemein ausgedehnt worden. In Kriegszeiten jedoch werde der Feind von diesem Gebot ausgenommen. Der Mörder werde zum Helden und dürfe auf die komplizierten Rituale verzichten, die noch der primitive Mensch vollziehen musste, um für das Töten der Feinde Buße zu tun. Und der Essay schließt mit der Mahnung:

»Das Leben zu ertragen, bleibt ja doch die erste Pflicht aller Lebenden. Die Illusion wird wertlos, wenn sie uns darin stört. Wir erinnern uns des alten Spruchs: Si vis pacem, para bellum. Wenn Du den Frieden erhalten willst, so rüste zum Kriege. Es wäre zeitgemäß, ihn abzuändern: Sie vis vitam, para mortem. Wenn Du das Leben aushalten willst, richte Dich auf den Tod ein.«

Was Freud hier als eine Art von Todestrieb des Bestehenden beschreibt, ist von begeisterten Freiwilligen wie Ernst Jünger zu einem Kriegsmythos für die Jugend umgeformt worden: Einzig im Selbstopfer erfülle sich das Leben, noch bevor es wirklich gelebt wurde, denn der Tod sei sein Sinn. Literarisch am wirksamsten ist diese Botschaft wohl durch die autobiografische Erzählung von Walter Flex, *Wanderer zwischen beiden Welten*, verbreitet worden. Das Buch erschien im Oktober 1916 und erreichte noch während des Krieges eine Millionenauflage. Der Autor, vor dem Krieg als Hauslehrer und Erzieher auf adligen Gütern tätig (unter anderem bei den Bismarcks), hatte sich als Freiwilliger an die Ostfront gemeldet und wurde im Mai 1915 zum Leutnant befördert. Seine Erzählung berichtet über gemeinsame Fronterlebnisse mit dem Theologiestudenten und »Wandervogel« Ernst Wurche bis zu dessen Tod im August 1915. Flex selbst kam zwei Jahre später beim Einsatz in Estland ums Leben. *Wanderer zwischen beiden Welten* ist eine expressionistische Lautmalerei aus homoerotischen Bildern, idealistischem Heldengesang, völkischem Nationalismus, Naturpoesie und Todessehnsucht – eine Mischung, die auch den Nerv der nationalsozialistischen Jugendbewegung treffen sollte.

Mythen des Kriegs entstanden nicht nur in Deutschland, in Frankreich wurde Verdun zu einem besonderen Mythos. Die damit verbundenen Bilder zeigten ebenfalls die Gräuel des Krieges – aber nicht als Sehnsucht und Erlösungsversprechen. Den Franzosen ging es nicht um ein Schwelgen in Stahlgewittern, um die Beschwörung des Grauens der Materialschlachten – sondern um die Abwehr des Grauens. So entstand auch die Idee der Maginot-Linie nicht aus Todessehnsucht heraus, sondern als Kampfmoral für das Leben. Besonders drastisch hat sich der französische Politiker Georges Clemenceau vom deutschen Mythos abgegrenzt: »Es entspricht dem Wesen des Menschen, das Leben zu lieben. Der Deutsche aber kennt diesen Kult nicht. Es gibt in der deutschen Seele, in der Kunst, in der Gedankenwelt und Literatur dieser Leute eine Art Unverständnis für alles, was das Leben wirklich ist, für das, was seinen Reiz und seine Größe ausmacht, und an dessen Stelle eine krankhafte und satanische Liebe zum Tod. Diese Leute lieben den Tod. Diese Leute haben eine Gottheit, die sie zitternd, aber doch mit einem Lächeln der Ekstase betrachten, als wären sie von einem Schwindel erfasst. Und diese Gottheit ist der Tod. Woher haben sie das? Ich weiß darauf keine Antwort. Der Deutsche liebt den Krieg als Selbstliebe und weil an dessen Ende das Blutbad wartet. Der Deutsche begegnet ihm, wie wenn er seine liebste Freundin wäre.«

»Malice in Kulturland«

In den Schlachten der Kriegspropaganda hatten die Deutschen von Anfang an einen schweren Stand. Schon nach der brutalen Verletzung der belgischen Neutralität im August 1914 wurden sie als »Barbaren« und »Hunnen« gebrandmarkt. Und nach der gnadenlosen Inkaufnahme so vieler ziviler Opfer durch die Torpedierung der »Lusitania« war man in England, Frankreich und Amerika endgültig überzeugt, dass der »Furor Teutonicus« nichts mehr mit europäischer Zivilisation und Moral zu tun habe. Die Franzosen vergröberten das Feindbild des blindwütigen »Boche«, in England erschien ein Pamphlet mit dem Titel *Malice in Kulturland* (in sarkastischer Anlehnung an das Buch *Alice in Wonderland*), in den USA kursierten Plakate, auf denen eine furchterregende King-Kong-Gestalt eine Keule mit der Aufschrift »Kultur« schwingt – und Zeitschriften karikierten den deutschen Kaiser als militaristischen Diktator. So brachte die New Yorker *Evening Sun* unter dem Titel »Gute Arbeit« eine Illustration, in der Kaiser Wilhelm II. dem als wilden Hund mit blutigem Maul dargestellten Walther Schwieger für seine »Lusitania«-Attacke einen Verdienstorden verleiht.

Dass die mächtigen Generäle Hindenburg und Ludendorff im Sommer 1916 die Leitung der deutschen Kriegsmaschinerie übernahmen, war Ergebnis der militärischen und politischen Krise, in die sich das Kaiserreich manövriert hatte. Angesichts der Schwächung Österreichs durch die neue Italienfront, der Erfolglosigkeit der Hochseeflotte am Skagerrak, der Verluste bei Verdun und an der Somme, sowie der unerwarteten Brussilow-Offensive im Osten und Rumäniens Beitritt zur Entente stellte sich die Frage nach den Kriegszielen neu. Als die politischen Parteien noch scheinbar »demokratisch« über die Alternativen »Siegfrieden« oder »Verständigungsfrieden« stritten, ebnete Ludendorff, der intellektuelle Kopf der Obersten Heeresleitung, bereits den Weg für eine Militärdiktatur. Während der Kaiser eine autoritäre Lösung billigte, war der für die Berufung der Generäle zuständige Kanzler Bethmann Hollweg bereits ein ohnmächtiger Zuschauer.

Das explosivste Problem, das gelöst werden musste, war die Frage des unbeschränkten U-Boot-Kriegs. Wegen des »Lusitania«-Konflikts mit den USA war der Einsatzbefehl gegen heftigen Widerstand zwar vorübergehend »eingeschränkt« worden, doch zum Jahreswechsel 1915/16 hatten Heer- und Marineführer gemeinsam den erneuten rücksichtslosen Einsatz der U-Boot-Waffe als »flankierende Maßnahme« zur geplanten Verdun-Offensive gefordert. So drängte Ludendorff mit Unterstützung des Admiralstabs gleich nach seinem Machtantritt auf eine schnelle Aufhebung von einschränkenden Prisenordnungen. Vor allem England sollte mit den U-Booten innerhalb kürzester Zeit bezwungen werden, noch bevor die USA würden eingreifen können.

»Der Kanzler sagte gestern Abend, die U-Boote würden ihn bis ins Grab verfolgen«, notierte sein Berater Kurt Riezler am 6. August 1916 in sein Tagebuch. Der Altphilologe und Philosoph Riezler übte schon vor dem Krieg nicht unerheblichen Einfluss im intellektuellen Umfeld der Reichskanzlei aus – so auch mit seinem Ende 1913 unter dem Namen »J. J. Ruedorffer« veröffentlichten Werk *Grundzüge der Weltpolitik in der Gegenwart*. Generell betrachtete Riezler den Krieg als einen politischen »Urzustand«, den man nur durch vorübergehende Friedensperioden unterbrechen könne, deren Dauer von der Flexibilität der Bündnissysteme abhänge. Am wichtigsten erschien dem Autor, das gespannte Verhältnis zwischen Preußen-Deutschland und England zu harmonisieren. Um den »tiefsten und gefährlichsten Gegensatz der

Karikatur aus der *Evenig Sun*: Kaiser Wilhelm II. zeichnet seinen »Bluthund« Walther Schwieger mit einem Orden aus.

Zeit« (wie er das deutsch-englische Verhältnis einstufte) zu entspannen, müsse die deutsche Flottenpolitik durch Kompensationsangebote ausgeglichen werden. Den brutalen U-Boot-Krieg nach der »Lusitania«-Versenkung wieder aufzunehmen, grenzte für Riezler an selbstmörderischen Wahnsinn. So konstatierte er im Februar 1916: »Der uneingeschränkte U-Bootkrieg ist für die Menschen wie eine Orgie rücksichtsloser Gewaltanwendung, an der sie sich berauschen. Wie trunken. Es haben, wenn man das Geschrei hört, die Engländer beinahe recht, wenn sie immer sagen, die Deutschen sind toll geworden. Rausch an der gewaltsamen Methode. Dass es Grenzen der Gewalt gibt, dass alles davon abhängt, ob die Anwendung der Gewalt sich in den Gesamtfolgen lohnt: das will keiner bedenken.«

Widerstrebend musste der Kanzler am 9. Januar 1917 im Großen Hauptquartier dem uneingeschränkten Wiedereinsatz der vermeintlich kriegsentscheidenden Waffe zustimmen. Alle bisherigen Vermittlungs- und Friedensbemühungen des wiedergewählten amerikanischen Präsidenten Woodrow Wilson waren somit zum Scheitern verurteilt. In großen Teilen der deutschen Öffentlichkeit erzielten die Propagandaberichte über die wiederaufgenommenen »Wikinger«-Einsätze und deren »Erfolge« kurzfristig noch einmal einen ähnlichen Begeisterungsrausch wie beim Kriegsausbruch. Besonnenere Köpfe wie Riezler aber hatten schon resigniert: »Schlimmstes (Problem) die U-Bootfrage. Kommt es im Herbst zum Frieden, so wird er viel schlechter, als man glaubt, und daran sollen dann die U-Boote, respective der Verzicht auf sie schuld sein. Wir hätten Sieg und Weltherrschaft aus der Hand gegeben, die Schreier behalten dann anscheinend recht, und das arme Deutschland gerät in die Hand dieser Kerle, die teils Schieber, teils Dummköpfe sind …«

Aus Riezlers Tagebuchnotizen lässt sich die Entwicklung des internen Streits über die Kriegsziele ablesen. Aufschlussreich ist, dass sich die »gemäßigteren« Positionen im Reichstag und in der Reichsleitung bald denen von Ludendorff und der rechtsextremen »nationalen Opposition« (innerhalb und außerhalb des Reichstages) annäherten. Allen ging es letztendlich um die Etablierung einer eindeutigen deutschen Hegemonie auf dem europäischen Kontinent als Voraussetzung für die deutsche Weltmachtstellung. Dafür war natürlich auch die Erringung der Seeherrschaft notwendig. Solche Phantasien entsprachen der imperialen Grundidee des deutschen Reichs und waren mit der Hoffnung verbunden, zugleich im Inneren das bestehende konservative politisch-soziale System zu festigen.

Unabhängig von parlamentarischen Mehrheiten konnten die Hegemonisten mit der Unterstützung durch einflussreiche deutsche »Kulturträger« rechnen. Wenn sich im Reichstag vorsichtige Initiativen für einen »Verständigungsfrieden« artikulierten, gab es empörten Protest vor allem von den nationalistischen Hochschullehrern und Intellektuellen. So sammelte der Theologe Reinhold Seeberg im Sommer 1915 mehr als 350 Unterschriften

Wilhelm II. und seine Generäle. Darunter Admiral Tirpitz (r.), Reichskanzler Bethmann Hollweg (3. v. r.), Hindenburg (4. v. r.) und Ludendorf (2. v. l.).

von Hochschullehrern unter einem Appell für den »Siegfrieden« – aus Furcht, »es könnte aus falscher Versöhnungsillusion oder gar aus nervöser Ungeduld ein vorzeitiger und deshalb halber und nimmermehr dauerhafter Friede geschlossen werden«, der nicht die »volle, der Größe unserer kulturellen, wirtschaftlichen und kriegerischen Kraft entsprechende Weltgeltung« berücksichtige. Und als der Reichstag im Juli 1917 mit großer Stimmenmehrheit der Sozialdemokraten (bzw. der Mehrheitssozialisten), des Zentrums und der Fortschrittspartei gegen die Konservativen und Nationalliberalen eine Resolution verabschiedete, die sich ganz allgemein »für einen Frieden der Verständigung und der dauerhaften Aussöhnung der Völker« ohne »erzwungene Gebietserwerbungen und politische, wirtschaftliche oder finanzielle Vergewaltigungen« aussprach, da wurde das nicht nur von der Militärführung ignoriert. Über 1 000 Hochschullehrer unterschrieben eine Protesterklärung, in der es hieß: »Die unterzeichneten Lehrer deutscher Hochschulen, unbeeinflusst von Ansichten irgendeiner Partei, frei von Sonderinteressen jeder Art, einzig und allein erfüllt von schwerer Sorge um die Zukunft des Vaterlandes, erklären hiermit, dass nach ihrer Überzeugung die jetzige Mehrheit des vor fast sechs Jahren gewählten Reichstages es nicht für sich in Anspruch nehmen kann, gegenüber den heute zur Entscheidung Lebensfragen den Volkswillen in unzweifelhafter Weise zum Ausdruck zu bringen.«

»Unpolitische Betrachtungen« und Sonderwege

Der überwiegende Teil der Europäer hatte sich 1914 für den Krieg begeistert und nicht für Frieden. Gesänge und Tränen der patriotischen Rührung gab es überall – doch nirgendwo war der Jubel so inbrünstig wie in Deutschland. Am Tag der allgemeinen Mobilmachung sang eine vor dem Berliner Schloss versammelte Menge ergriffen: »Nun danket alle Gott ...« und der Kaiser verkündete vom Balkon des Schlosses herab: »Wenn es zum Kriege kommen soll, hört jede Partei auf, wir sind nur noch deutsche Brüder.« Der Eindruck einer allgemeinen Verbundenheit hatte alle sozialen Schichten erfasst, obwohl Intellektuelle, Schriftsteller und Künstler den Gefühlsrausch am besten in Worte fassen konnten.

»Was der Mensch will, das hofft und glaubt er. Die überwältigende Mehrheit der Nation war des ewig unsicheren Zustandes schon längst überdrüssig ... Der Kampf des Jahres 1914 wurde den Massen, wahrhaftiger Gott, nicht aufgezwungen, sondern von dem gesamten Volke selbst begehrt ... Mir selber kamen die damaligen Stunden wie eine Erlösung aus den ärgerlichen Empfindungen der Jugend vor. Ich schäme mich auch heute nicht, es zu sagen, dass ich, überwältigt von stürmischer Begeisterung, in die Knie gesunken war und dem Himmel aus übervollem Herzen dankte, dass er mir das Glück geschenkt, in dieser Zeit leben zu dürfen.« Der Verfasser dieser hymnischen Zeilen war der deutsch-österreichische »Künstler« Adolf Hitler. Ein Foto zeigt ihn mit verzücktem Gesichtsausdruck inmitten einer patriotischen Kundgebung am 2. August 1914 auf dem Münchner Odeonsplatz. So wie er fühlten sich wohl die meisten Deutschen in den ersten Kriegstagen.

Auffällig in der Ideengeschichte der deutschen Kriegsbegeisterung ist der religiös-philosophische Tonfall und das Bemühen, die Bildungsklassiker, allen voran Goethes *Faust*, zu militarisieren. Besonders ungeduldig rasselten die geistigen Säbel in der relativ langen Friedensperiode nach dem Ende des Deutsch-Französischen Krieges 1870/71 und verlangten nach neuen Waffengängen. So erschien zum Beispiel 1891 unter dem Titel *Der militärische Faust* eine anonyme *Höllenfahrt vom Famulus Wagner*, in der mit abgewandelten Goethe-Zitaten die traditionelle Gegnerschaft zwischen dem Erzengel Michael und dem Teufel trivialisiert wurde. Als Schutzpatron der Deutschen und oberster Befehlshaber der himmlischen Heerscharen stand der Erzengel den ebenfalls straff organisierten Höllentruppen seines gestürzten Vorgängers Luzifer gegenüber. Die aufdringliche Darstellung der Schutz- und Schirmherrschaft des heiligen Michael über das deutsche Schicksal wurde in der Kriegspropaganda ein beliebtes Motiv auf Feldpostkarten.

Die Wirksamkeit der *Faust*-Trivialisierungen konnte sich nur entfalten, weil der Goethesche Text, zumindest der vom ersten Teil der Tragödie, dem deutschen Bildungsbürgertum bekannt war. Außerdem wurde der heilige Zitatenschatz zehntausendfach in die Schützengräben transportiert. Im März 1915 gab der »Frauen-Verlag« Jena den ersten Teil der Goethe-Dichtung als *Tornisterfaust* in Miniaturgröße als Band der *Deutschen Kriegerbibliothek* heraus. Das Vorwort richtet sich »an die deutschen Krieger«, die »draußen im Feld« das Land und seine Ehre schützen. »Wir Frauen, die wir zurückblciben müssen«, so heißt es, »können euren Taten nur von ferne folgen … Deshalb soll der deutsche Dichter jetzt für den deutschen Krieger da sein.« Auch in der »Liliput-Bibliothek« des Leipziger Verlages Schmidt & Günther war der deutsche Faust-Dichter für den deutschen Krieger da, nicht größer als eine Streichholzschachtel, aber mit Ledereinband und im Schuber. So konnte 1915 Hans Gerhard Gräf, der damalige Herausgeber des Jahrbuches der Goethe-Gesellschaft, »die Goethe-Kenntnis des wackren hünenhaften Kanoniers« bewundern, der seinen *Tornisterfaust* immer zur Hand hatte, um in seine Feldpost klassische Verse einzuflechten. Aber auch in deutschen Feldpredigten mischten sich Botschaften des heiligen Michael mit faustischen Offenbarungen.

Ebenso widersprüchlich wie die patriotische Dichtung war die Religionsausübung im Krieg. Die Priester und Pastoren der gegnerischen Parteien riefen gleichermaßen zum »heiligen« Krieg auf und segneten die Waffeneinsätze für die »gerechte« Sache. Während der Materialschlachten feierten katholische Feldgeistliche ihre jeweiligen (un-)heiligen Messen nach dem gleichen (lateinischen) Ritus und auch Protestanten wurden in Feldgottesdiensten nach ähnlichem Muster auf die Massaker an Glaubensbrüdern vorbereitet. Ab August 1915 zahlte das preußische Kriegsministerium selbst an Feldrabbiner eine »Aufwandsentschädigung«. Auf Grund der besonderen Konkurrenzsituation versuchten sich im Deutschen Reich die beiden großen Kirchen mit ihren Bekenntnissen zu Kaiser und Vaterland gegenseitig zu übertreffen. Naturgemäß war die evangelische Kirche Thron und Regierung näher, da das Kaiserreich im preußischen Nationalprotestantismus gründete. Ihr wirkungsvollster Propagandist war der Berliner Hof- und Domprediger Bruno Doehring. Er erklärte Deutschland zum auserwählten Erlöservolk, das die Welt aus dem Chaos retten müsse, in das sie der »rücksichtslose Geschäftssinn« Englands, der »blinde Hass« Frankreichs, die »unklare Gewaltsamkeit« Russlands und die »hirnverbrannte Verlogenheit« Amerikas gestürzt habe. Im August 1914 hatte er zum »Kreuzzug« aufgerufen und im April 1917 legte er den Keim zur antisemitischen Dolchstoßlegende: »Wohnt Christus in unserem Volk, dann mögen sie uns hinmorden wie die Juden einst unsern Herrn, aus unserem Grabe steht das neue Deutschland auf!«

Intellektuelle, Publizisten, Dichter und Theologen aus allen am Krieg beteiligten Ländern steuerten mit Wort und Schrift ihren Beitrag zur geistigen Mobilisierung bei. In beiden Lagern wurde der Krieg als ein Ringen dargestellt, bei dem es um die Existenz der jeweiligen Nation gehe. Die Mehrheit zweifelte nicht daran, dass der jeweilige Feind den Beginn des Kriegs verschuldet habe. Auch skrupelhafte Naturen unter den Autoren zögerten nicht, bisher gültige universale Rechtsprinzipien dem aktuellen »Lebensrecht der Nation« zu unterstellen. Man war überzeugt, dass der Krieg notwendig war und eine reinigende Wirkung nicht nur auf die internationalen Beziehungen, sondern auch auf die eigene nationale Gemeinschaft ausüben würde. Allerdings gab es hier entscheidende Unterschiede in den verschiedenen Ländern. In Frankreich und England hatte der historische Politisierungsprozess der Mittelschichten und der Arbeiterbewegung viel früher eingesetzt als in Deutschland und nicht zu einem so krassen Widerspruch zwischen Geist und Macht geführt. Es war auch dieser Widerspruch, der im Deutschen Kaiserreich vor allem die Bildungselite veranlasste, sich auf ihre Weise am Krieg zu beteiligen.

Aber wussten sie, in welchen Krieg sie sich hineinjubelten? Erinnerungen gab es nur an kurze kriegerische Ereignisse, wie die von 1866 und 1870/71, wo jeweils eine einzige Schlacht nach wenigen Wochen die Entscheidung gebracht hatte. Auch 1914 gab es keine Pläne für ein jahrelanges Ringen, man hoffte, bald wieder mit dem Lorbeerkranz zurück zu sein. Nicht unbedeutend für die kriegerische Motivation war gesellschaftlicher Verdruss, die Lust am Abenteuer. Die lange Friedenszeit hatte einen Willen zur Bewährung provoziert. Die junge Elitegeneration empfand den friedlichen Alltag als Banalität, man wandte sich gegen die Sinnentleerung einer technisch-komplizierten, offensichtlich nur noch von materiellen Wünschen bestimmten, fremden Zivilisation. »Wir sind zu verästelt; der Saft steigt nicht mehr in die Spitzen«, klagte Ernst Jünger. »Nur wenn ein unmittelbarer

Impuls uns wie ein Blitz durchbrennt, werden wir wieder einfach und erfüllt: das gilt für den einzelnen wie für seine Summe, das Volk. Im Tanz auf schmaler Klinge zwischen Sein und Nichtsein offenbart sich der wahre Mensch, da schmilzt seine Zersplitterung wieder zusammen in wenige Umtriebe von gewaltiger Stärke. Alle Vielfalt der Formen vereinfacht sich zu einem Sinn, dem Kampf.«

Das Vorgehen der Deutschen warf ein trübes Licht auf ihre Kulturtradition. Sie schien tatsächlich mit einer imperialistischen Expansionspolitik von Blut und Eisen in einem logischen Zusammenhang zu stehen. Am radikalsten entwickelten diesen Vorwurf englische Autoren wie John William Allen in seinem Buch *Germany and Europe* (1914), Gilbert Keith Chesterton in seinen Essays oder Joseph Conrad und Ford Madox Ford in gemeinsamen Aufrufen und internationalen Kampagnen. In Frankreich stärkte der Philosoph Henri Bergson gleich nach Kriegsausbruch mit kämpferischen Vorträgen zum Thema »Geistigkeit und Freiheit« die Moral der Truppen, wurde noch im gleichen Jahr in die »Académie Française« aufgenommen und zum »Offizier der Volksbildung« ernannt. Großen Einfluss sollte auch Émile Boutroux mit seiner polemischen Schrift *L'Allemagne et la Guerre* von 1915 erzielen. Er hatte noch bis zum Sommer Vorlesungen an der Universität Jena besucht und wandte sich dann abrupt und enttäuscht von den deutschen »Kulturbarbaren« ab.

Als der französische Pazifist Romain Rolland rückwirkend für das Kriegsjahr 1915 den Literaturnobelpreis erhielt, wurde das in Deutschland als einseitige Parteinahme im Konflikt »Zivilisation gegen Barbarei« gewertet. Repräsentativ für diese Auseinandersetzung war die Korrespondenz zwischen Rolland und Gerhart Hauptmann nach dem deutschen »Strafgericht« im belgischen Löwen. Die Besetzung der Stadt war kampflos verlaufen, doch am Abend des 25. August fielen Gewehrschüsse, durch die mehrere deutsche Soldaten tödlich getroffen wurden. In einer schrecklichen Vergeltungsaktion erschossen die Besatzer über

Der französische Schriftsteller und Pazifist Romain Rolland auf dem Balkon seiner Pariser Wohnung. Fotografie von 1914.

200 Einwohner, zerstörten über 1000 Häuser im historischen Stadtzentrum und brannten die alte Universitätsbibliothek mit ihren 300000 Büchern und wertvollen Handschriften nieder. Mehr noch als die Erschießung der Menschen löste die Bücherverbrennung in der zivilisierten Welt Empörung aus. So schrieb Romain Rolland an Gerhart Hauptmann: »Sind Sie der Nachkomme Goethes oder Attilas? Führen Sie Krieg gegen Armeen oder den menschlichen Geist?«

Dass angesehene englische und französische Philosophen und Publizisten Deutschland der »Barbarei« bezichtigten und dafür auch noch geehrt wurden, versetzte viele deutsche Intellektuelle und Akademiker in Empörung, die sich in Manifesten wie dem Aufruf *An die Kulturwelt* vom Oktober 1914 artikulierte. Dieser vom Schriftsteller Hermann Sudermann angeregte Aufruf war von 93 prominenten Wissenschaftlern, Künstlern und Literaten (unter ihnen auch Gerhart Hauptmann und Max Planck) unterzeichnet und wurde auch unterstützt von Persönlichkeiten der

Wirtschaft, Vertretern des Außenministeriums und dem Chef des Nachrichtenbüros des Reichsmarineamtes. Sprachlich und symbolisch orientierte sich der Text an den historischen Thesen Martin Luthers. Es war der Versuch, den auf das deutsche Vorgehen in Belgien bezogenen Vorwurf der »Unmenschlichkeit« als »infame Lüge« und »Verschwörung« zurückzuweisen und gleichzeitig den deutschen Militarismus zu verteidigen.

Jede einzelne Zurückweisung der Beschuldigungen wurde mit einem flammenden »Es ist nicht wahr« eingeleitet. So wurde es »für nicht wahr« erklärt, »dass eines einzigen belgischen Bürgers Leben und Eigentum von unseren Soldaten angetastet worden ist, ohne dass es die bitterste Notwehr es gebot. Denn wieder und immer wieder, allen Mahnungen zum Trotz, hat die Bevölkerung sie aus dem Hinterhalt beschossen. Verwundete verstümmelt, Ärzte bei der Ausübung ihres Samariterwerkes ermordet. Man kann nicht niederträchtiger fälschen, als wenn man die Verbrechen dieser Meuchelmörder verschweigt, um die gerechte Strafe, die sie erlitten haben, den Deutschen zum Verbrechen zu machen.« Es sei »nicht wahr, dass unsere Kriegsführung die Gesetze des Völkerrechts missachtet. Sie kennt keine zuchtlose Grausamkeit. Im Osten aber tränkt das Blut der von russischen Horden hingeschlachteten Frauen und Kinder die Erde, und im Westen zerreißen Dumdumgeschosse unseren Kriegern die Brust. Sich als Verteidiger europäischer Zivilisation zu gebärden, haben die am wenigsten Recht, die sich mit Russen und Serben verbünden und der Welt das schmachvolle Schauspiel bieten, Mongolen und Neger auf die weiße Rasse zu hetzen.« Ebenfalls »nicht wahr« sei, »dass der Kampf gegen unseren sogenannten Militarismus kein Kampf gegen unsere Kultur ist, wie unsere Feinde heuchlerisch vorgeben. Ohne den deutschen Militarismus wäre die deutsche Kultur längst vom Erdboden getilgt. Zu ihrem Schutz ist er aus ihr hervorgegangen in einem Lande, das jahrhundertelang von Raubzügen heimgesucht wurde wie kein zweites. Deutsches Heer und deutsches

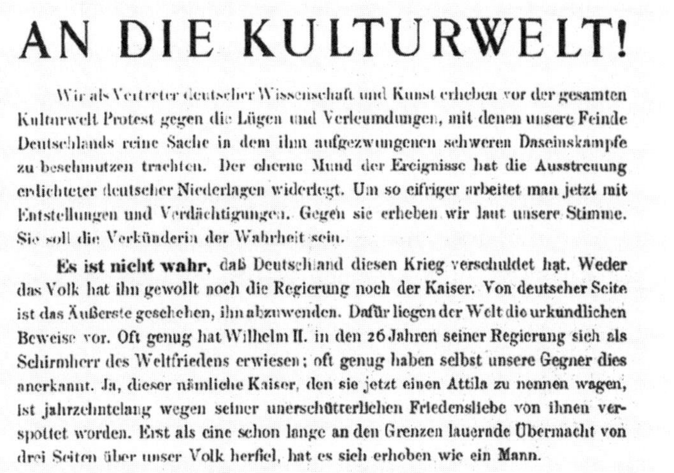

AN DIE KULTURWELT!

Wir als Vertreter deutscher Wissenschaft und Kunst erheben vor der gesamten Kulturwelt Protest gegen die Lügen und Verleumdungen, mit denen unsere Feinde Deutschlands reine Sache in dem ihm aufgezwungenen schweren Daseinskampfe zu beschmutzen trachten. Der eherne Mund der Ereignisse hat die Ausstreuung erdichteter deutscher Niederlagen widerlegt. Um so eifriger arbeitet man jetzt mit Entstellungen und Verdächtigungen. Gegen sie erheben wir laut unsere Stimme. Sie soll die Verkünderin der Wahrheit sein.

Es ist nicht wahr, daß Deutschland diesen Krieg verschuldet hat. Weder das Volk hat ihn gewollt noch die Regierung noch der Kaiser. Von deutscher Seite ist das Äußerste geschehen, ihn abzuwenden. Dafür liegen der Welt die urkundlichen Beweise vor. Oft genug hat Wilhelm II. in den 26 Jahren seiner Regierung sich als Schirmherr des Weltfriedens erwiesen; oft genug haben selbst unsere Gegner dies anerkannt. Ja, dieser nämliche Kaiser, den sie jetzt einen Attila zu nennen wagen, ist jahrzehntelang wegen seiner unerschütterlichen Friedensliebe von ihnen verspottet worden. Erst als eine schon lange an den Grenzen lauernde Übermacht von drei Seiten über unser Volk herfiel, hat es sich erhoben wie ein Mann.

»Es ist nicht wahr!« – Im Oktober 1914 wandten sich 93 deutsche Intellektuelle mit diesem Aufruf an die Öffentlichkeit.

Volk sind eins. Dieses Bewusstsein verbrüdert heute 70 Millionen Deutsche ohne Unterschied der Bildung, des Standes und der Partei.« Und der Schlussappell lautete: »Glaubt uns! Glaubt, dass wir diesen Kampf zu Ende kämpfen werden als ein Kulturvolk, dem das Vermächtnis eines Goethe, eines Beethoven, eines Kant ebenso heilig ist wie sein Herd und seine Scholle. Dafür stehen wir Euch ein mit unserem Namen und mit unserer Ehre!«

Der Aufruf wurde in allen großen deutschen Zeitungen veröffentlicht und blieb nicht ohne Wirkung. Stefan Zweig zum Beispiel wusste aus eigener Erfahrung, dass »damals das Wort noch Gewalt« hatte. Anders als im Zweiten Weltkrieg war es im Ersten »noch nicht zu Tode geritten von der organisierten Lüge, der ›Propaganda‹, die Menschen hörten noch auf das geschriebene Wort«, sie »warteten« sogar darauf. »Während 1939 keine einzige Kundgebung eines Dichters weder im Guten noch im Bösen nur die mindeste Wirkung zeitigte«, so Zweig, »vermochte 1914 ein vierzehnzeiliges Gedicht wie jener ›Hassgesang‹ Lissauers (gegen England; W. J.), eine Manifestation wie jene törichte der ›93 deutschen Intellektuellen‹, und andererseits wieder ein Aufsatz von acht Seiten wie Rollands ›Au-dessus de la melée‹, ein Roman wie Barbusses ›Le Feu‹ Ereignis zu werden.«

Die Bedeutung der Propagandawirkung für die Kriegsführung war auch Ludendorff bewusst. Er veranlasste persönlich, dass nach der deutschen Einnahme von Lüttich landesweit Plakate geklebt wurden, die ihn als den »Helden von Lüttich« darstellten. Er gab Geheimdienststudien zur Untersuchung der ideologischen Wirkung der englischen Propaganda in Auftrag, erkannte früh den besonderen kulturellen Stellenwert des neuen Mediums Film und gründete 1917 ein zentrales »Bild- und Filmamt (Bufa)«, gewissermaßen die Vorläuferin der UFA. Generell war Ludendorff daran interessiert, dass »Ideen«, wie die des »Aufrufs der 93«, offensiv als »deutsche« Kulturmission verbreitet wurden, wobei er sich programmatisch und organisatorisch auch auf den »Alldeutschen Verband« stützen konnte. Der Verband war 1891 als Protest gegen den Helgoland-Sansibar-Vertrag entstanden, der die Abtretung deutscher Kolonialgebiete in Ostafrika an England vorsah. Das Gründungsprogramm forderte mehr »Ellbogenraum«, um »der germanischen Rasse diejenigen Lebensbedingungen zu sichern, deren sie zur vollen Entfaltung ihrer Kräfte« bedürfe. Die Verwendung des Begriffes »alldeutsch« war aber nicht nur als Erweiterung von »reichsdeutsch« gedacht, sondern sollte »Deutschtum« auch im besonderen Sinn als patriotische Gesinnungstreue definieren.

Zu Beginn des Krieges, unter dem Vorsitz von Heinrich Claß, radikalisierten sich die Positionen. Es galt nicht nur den »Erbfeind« Frankreich und die imperialistischen Konkurrenten Großbritannien bzw. Russland zu bekämpfen, sondern ebenso die »inneren Reichsfeinde«, vor allem Sozialdemokraten und Juden. Mit etwa 20 000 Mitgliedern waren die »Alldeutschen« bis zum Krieg zwar ein relativ kleiner Club, doch ihre Bedeutung lag in der elitären gesellschaftlichen Repräsentanz. Es gab gute Verbindungen sowohl zur Schwerindustrie als auch zum adligen Großgrundbesitz – und zwei Drittel der Mitglieder waren als Lehrer, Professoren, Journalisten oder Verwaltungsbeamte zentral im deutschen Bildungswesen vernetzt – eine günstige Voraussetzung, um die »Ideen von 1914« zu verbreiten. Der Kern dieser »Ideen« war der Gedanke, dass der Weltkrieg die »innere Läuterung der Nation«, die Überwindung von Materialismus und kleinlichem Egoismus bringen würde. Es ging um eine nationalistisch-romantische Sinnstiftung des Krieges, in der sich das »Deutschtum« im Widerspruch zur französischen Demokratie (»Ideen von 1789«) und dem englischen Liberalismus definierte – als Bewahrung und Bewährung der unverwechselbaren Eigenart der »deutschen Kultur« gegenüber der »westlichen Zivilisation«. Nach 1914 waren zahlreiche Philosophen, Soziologen, Ökonomen und Schriftsteller bemüht, Deutschlands Kampf einem heiligen Ziel zu weihen und mit der metaphysischen Aura historischer Notwendigkeit zu umhüllen. Zu den einflussreichsten Autoren dieser geistigen Mobilmachung gehörten der Theologe und Philosoph Ernst Troeltsch, der spätere Literatur-Nobelpreisträger Thomas Mann oder der Soziologe und Ökonom Werner Sombart.

Ernst Troeltsch starb 1923 – er hatte das Glück mit dem aufkommenden Nationalsozialismus nicht mehr direkt in Berührung gekommen zu sein. Er wird heute in der Regel als Religionsphilosoph gewürdigt, der für ein ausgleichendes Verhältnis von Historismus und Theologie sowie von Staat und Kirche eingetreten sei. Er gilt als jemand, der sich berechtigte Sorgen gemacht habe über die Zukunft der vom Christentum geprägten Kultur Europas, als jemand, der die Substanz des Christentums bewahren – und zugleich mit der intellektuellen Moderne aussöhnen wollte. Doch er hat im Ersten Weltkrieg Sätze gesagt und geschrieben, die nicht in dieses moderate Bild passen. So rief auch der etablierte Heidelberger Theologie-Professor am 2. August 1914 öffentlich dazu auf, die Waffen zu ergreifen. Wie die meisten Gelehrten war auch Troeltsch von der Unschuld

Deutschlands am Krieg überzeugt. Er betrachtete den Weltkrieg als einen nationalen Existenzkampf und formulierte pathetisch: »Die Losung ertönt mit allem Zauber männlich-heldischer Gesinnung: Zu den Waffen, zu den Waffen!«

Am 6. Dezember 1914 bemühte Troeltsch sich in einer Rede vor mehreren tausend Zuhörern in der Karlsruher Stadthalle, »das Wesen der Deutschen« zu bestimmen. Die Vorstellung von einer einheitlichen europäischen Kultur sei eine der Friedenstäuschungen, die jetzt durchschaubar geworden seien, erklärte der Redner. Er grenzte sich vom historischen Freiheitsbegriff der Franzosen ab und warnte vor der »irrational-individualistischen Demokratie« der Angelsachsen. Eine besondere, instinktive Arroganz glaubte er im »demokratisch-puritanischen Idealismus« der Amerikaner zu erkennen, die einen Absolutheitsanspruch auf die Richtigkeit ihrer Politik und Regierungsform erhöben. Als Antwort auf diese Gegensätze müssten die Deutschen »in die Tiefe« ihres »eigenen Wesens tauchen« und eine »unbedenkliche Widerstandskraft« herausbilden. Die Kraft des deutschen Volkes liege in ihrem »monarchischen« und »militärischen« Wesen. Im Unterschied zum französischem »Rentnervolk« und dem »reinen Industrie- und Handelsvolk« der Engländer seien die Deutschen »ein unendlich arbeitsames Volk«. Durch die Arbeitsdynamik und Bevölkerungsvermehrung sei Deutschland zum Krieg gedrängt worden. Als ein »auf das Meer hinausgehendes Reich« müssten die Deutschen auch »ozeanische« Politik betreiben, was zwangsläufig zum Konflikt mit England geführt habe.

Als Theologe war Troeltsch natürlich auch um die Stilisierung und Stabilisierung des deutschen Seelenlebens bemüht: Um der Gefahr einer Entseelung zu entgehen, müsse der »mit strengem Einordnungs-und Pflichtgefühl« verbundene »außergewöhnliche Ordnungssinn« der Deutschen ausgeglichen werden durch ein »überaus weiches und zartes Gefühls- und Gemütsleben«, durch »Familiensinn und Heimatgefühl, dessen schönstes Symbol das Weihnachtsfest« sei. Das deutsche Wesen, »der deutsche meta-

»Zu den Waffen, zu den Waffen!« – Auch der Philosoph und Theologe Ernst Troeltsch forderte einen deutschen Kulturkrieg.

physisch-religiöse Geist«, zeige sich daher auch im Krieg als überlegen. Im Oktober 1915 appellierte Troeltsch in seiner Rede über »die deutsche Idee der Freiheit« an die verbündeten Monarchien Österreich-Ungarn und Türkei, ebenfalls die deutschen Prinzipien der geistigen Organisation zu verinnerlichen. Nur dann könne der gemeinsame »Kulturkrieg« gegen die »Weltagitation der westlich-demokratischen Ideen« erfolgreich sein. In diesem Zusammenhang setzte Troeltsch sich auch mit Johann Plenge und Rudolf Kjellén, den Stichwortgebern für die populäre Begrifflichkeit der »Ideen von 1914«, auseinander. Er wollte die beiden Soziologen nicht widerlegen, sondern ihre Gedanken »vertiefen« und verwies auf eine »gewisse Ähnlichkeit« des »Erlebnisses« der Befreiungskriege gegen Napoleon (»Ideen von 1813«) mit »der Idealbildung von heute«. Es sei der Geist Kants, der Romantik und Goethes, der eine »neue Form des Evangeliums«, eine »Ursprünglichkeit des metaphysischen Glaubens an die göttliche Weltbestimmung des Deutschtums« geschaffen habe.

»Göttliche Weltbestimmung des Deutschtums« – das war eine weihevolle Umschreibung des Anspruchs, England auf dem Thron der Weltherrschaft zu ersetzen und das »Romanentum« gegenüber der »Ursprünglichkeit« des Germanentums abzuwerten. Diesem Anspruch gegenüber »zersetzend« und »entmutigend« verhielt sich – so Troeltsch – eine dekadente Intellektuellenschicht, der »alle moralischen und historischen Überlieferungen« der deutschen Kultur »zu Vorurteilen« geworden seien. Dabei hatte er vor allem jene »literarischen Nagetiere« im Auge, die angesichts des Krieges »in den Mauselöchern verschwanden« oder »es vorzogen, sich patriotisch zu mausern«. Hier mischt sich die Diffamierung linksintellektueller Schriftsteller mit einer Form des antisemitischen Zynismus, wie er sich auch im Zusammenhang mit der im Oktober 1916 angeordneten »Judenzählung« äußerte. Mit dieser diskriminierenden Maßnahme sollte der Anteil der Juden an der Front überprüft werden. Und als sich statt der vermuteten »Drückebergerei« eine unerwartet hohe Opferbereitschaft deutsch-jüdischer Frontsoldaten herausstellte, wurde auch das noch mit unerträglicher Häme als »Vordrängeln« bezeichnet.

Nach dem Rücktritt des Kanzlers Bethmann Hollweg im Juli 1917 aber setzte auch in vaterländischen Gelehrtenkreisen ein Umdenken ein – man war nicht mehr überall bereit, der diktatorischen Militärpolitik Ludendorffs und Hindenburgs bedingungslos zu folgen. Als der neu gegründete »Volksbund für Freiheit und Vaterland« im Januar seine erste Mitgliederversammlung abhielt, forderte Ernst Troeltsch als zentraler Redner in ausdrücklichem Gegensatz zu seiner früheren Kriegspropaganda nun eine »Demobilisierung der Geister«. Er erklärte, dass »der Krieg rein militärisch nicht beendet werden« könne, sondern allein durch den »Geist der Milde«. Naturgemäß löste dieser politische Philosophiewandel unterschiedliche Reaktionen aus. Während namhafte Gelehrte, wie der Soziologe Max Weber, der Theologe Adolf von Harnack oder der Historiker Hans Delbrück, die zunehmende Distanzierung des Redners vom Geist des Militarismus unterstützten, waren bekannte Schriftsteller, wie Gerhart Hauptmann oder Thomas Mann, zu einer geistigen Demobilisierung noch nicht bereit.

Vor allem Thomas Mann rüstete weiter auf. Seit Oktober 1915 war er bemüht, seine *Gedanken im Kriege* neu und grundlegender als *Betrachtungen eines Unpolitischen* zu fassen. Dass dieses Projekt sich dann innerhalb von drei Jahren zu einem Großessay von 600 Seiten auswuchs, hatte in erster Linie etwas mit dem Rechtfertigungsdruck zu tun, dem der Autor sich ausgesetzt sah. Schon in seinen im Novemberheft 1914 der *Neuen Rundschau* abgedruckten *Gedanken im Kriege* konstruierte er »deutsche« Kultur und »westliche« Zivilisation als feindliche Pole. Der »deutsche Militarismus« verkörpere »Form und Erscheinung der deutschen Moralität« und die aggressive deutsche Kriegspolitik sei ein Gebot der »sittlichen Not«. Solche Sätze brachten ihm zwar den Beifall des konservativen Lagers, aber deutsche und europäische Linksliberale wie der Bruder Heinrich oder Romain Rolland waren entsetzt.

»So stürzt in der Arena ein Stier, toll vor Wut, mit gesenktem Kopf auf den Degen los, den ihn ein Matador entgegenstreckt, und spießt sich auf«, lautete der Kommentar von Rolland – und in des Bruders Zivilisationsplädoyer *Zola* fand Thomas Mann sich persönlich beleidigt durch Feststellungen wie: »Durch Streberei Nationaldichter werden für ein halbes Menschenalter … mitrennend, immer anfeuernd, vor Hochgefühl von Sinnen, verantwortungslos für die heranwachsende Katastrophe.« Heinrich Manns *Zola*-Text war eine kaum verschlüsselte familienbiografische Auseinandersetzung und zugleich – als Reflex auf die französische Dreyfus-Affäre – eine Abrechnung mit dem Wilhelminischen Kaiserreich. Mit Zola erinnerte Heinrich sich selbst daran, »einst kritisch aufgestanden zu sein gegen die Tyrannei der vaterländischen Nichtskönner, die auch in ruhigen Zeiten auf gewissen Bühnen sich austoben durften«. Und »jetzt in den aufgeregten, war das gesamte Land eine patriotische Schmiere« geworden. Die »nationale Größe« beschränke sich ganz »auf die Anbetung des Säbels«, und die »geistigen Mitläufer« seien »schuldiger als selbst die Machthaber«. Die Intellektuellenkontroverse, die hier über einen deutschen »Sonderweg« geführt wurde, schrieb einen Diskurs fort, der bereits im 19. Jahrhundert begonnen hatte. Heinrich Mann kritisierte in seinen Essays und Romanen (vor allem in *Zola* und im *Untertan*) eine verfehlte deutsche Entwicklung, die sich vom europäischen Beispiel der Moderne immer weiter entferne. Thomas Mann hingegen plädierte für einen Weg der machtgeschützten Innerlichkeit und identifizierte das Feindbild des »Zivilisationsliteraten« mit dem »politischen Objektivismus« des Bruders.

Doch es war nicht nur der private »Bruderkrieg«, der Thomas Mann im Sommer 1915 so unter Druck setzte, dass er die Arbeit am *Zauberberg* unterbrach, um sich ganz seiner neuen Streitschrift zu widmen. Er fühlte sich nach der »Lusitania«-Katastrophe als angehender Nationalschriftsteller dazu aufgerufen, »dem welterfüllenden Zetermordio humanitärer Hypokrisie« über die »Vernichtung des Riesenlustschiffes«, jenem »frechen Symbol der englischen Seeherrschaft und einer immer noch komfortablen Zivilisation« die Stirn zu bieten und den uneingeschränkten U-Boot-Krieg als deutschen Kulturkampf zu veredeln. Noch Jahrzehnte später, in einem Brief vom 8. Februar 1947, versuchte sich Thomas Mann bei Hermann Hesse für seine »unpolitischen« Gedanken und Gefühle in dieser Situation zu rechtfertigen. »Der Pazifismus der politischen Literaten, Expressionisten, Aktivisten von damals ging mir ebenso auf die Nerven«, schrieb er ihm, »wie die jakobinisch-puritanische Tugendpropaganda der Ententemächte, und ich verteidigte dagegen ein protestantisch-romantisches, un- und antipolitisches Deutschtum, das ich als meine Lebensgrundlage empfand.«

Und so saß er im Sommer 1917, als Troeltsch zur Demobilisierung aufrief, fiebernd am »Tugend«-Kapitel der *Betrachtungen*

Thomas und Heinrich Mann verkörperten beispielhaft den »Bruderkrieg« zwischen deutscher »Kultur« und westlicher »Zivilisation«.

und schmiedete neue geistige Offensiven und heilige Allianzen gegen die drohende »demokratische Einebnung und Einordnung Deutschlands.« Nachdem er Luther und Goethe schon länger an seiner Seite wusste, galt es jetzt, Bismarck und Nietzsche gemeinsam ins kriegerische Kultur-Boot zu holen. Torpediert werden sollten nicht nur sein Bruder Heinrich, sondern der gesamte humanitäre Liberalismus: »Ich sehe und bekenne, dass was jetzt in Deutschland sich abspielt, dass dieser vom Zivilisationsliteraten geleitete Prozess, der die geistige Kapitulation Deutschlands und seine Einordnung in die Weltdemokratie vorbereitet, *Reaktion* ist – man verzeihe das Wort, aber es trifft die Sache – Reaktion gegen Nietzsche *und* Bismarck.« Dieser »scheinbare Selbstwiderspruch« des Begriffs »liberale Reaktion«, so Thomas Mann, »ist das Erlebnis unserer Tage, und er bedeutet wesentlich die ›Rehabilitierung der Tugend‹, die Wiederherstellung und Neuinthronisierung der humanitär-demokratischen Ideologie«.

Das galt es zu verhindern, und dagegen richtete sich seine Beschwörung des »unpolitischen« deutschen Sonderwegs: »Ich will nicht Politik. Ich will Sachlichkeit, Ordnung, Anstand … Ich bekenne mich tief überzeugt, dass das deutsche Volk die politische Demokratie niemals wird lieben können aus dem einfachen Grunde, weil es die Politik selbst nicht lieben kann, und dass der vielverschriene ›Obrigkeitsstaat‹ die dem deutschen Volk angemessene, zukömmliche und im Grunde gewollte Staatsform ist und bleibt … Der Unterschied von Geist und Politik enthält den von Kultur und Zivilisation, von Seele und Gesellschaft, von Freiheit und Stimmrecht, von Kunst und Literatur; und Deutschtum, das ist Kultur, Seele, Freiheit, Kunst und nicht Zivilisation, Gesellschaft, Stimmrecht, Literatur.«

Thomas Mann wurde erst Jahre nach dem Krieg mühsam zu Demokratie und Republik als zeitgemäßer politischer und geistiger Ordnungsform bekehrt. 1922, anlässlich des 60. Geburtstags von Gerhart Hauptmann, traute er sich, erstmals zukunftsorientiert »von deutscher Republik« zu sprechen. Aber auch in dieser Rede wollte er einer Republik der Deutschen keine »zivilisatorischen« Weihen verleihen, leitete ihre Geburt nicht aus der Niederlage von 1918 her, sondern aus der patriotischen Jubelstunde des August 1914: »Ich habe die ›Republik‹ nicht von 1918, von 1914 habe ich sie datiert, damals, in der Stunde todbereiten Aufbruchs, hat sie in den Herzen der Jugend sich hergestellt!«

Einen vorsichtigen zivilisatorischen Wandel bewirkte aber dann wohl Ernst Troeltschs 1923 erschienene Schrift *Naturrecht und Humanität in der Weltpolitik*. In seiner Rezension erkannte und benannte auch Thomas Mann die notwendige Verbindung zwischen den Traditionen des westlichen und des deutschen Denkens. In »bewusster Selbstkorrektur« forderte auch er nun als »pädagogische« Maßnahme »eine Wiederannäherung des deutschen Gedankens an den mit bestimmten religiösen und ideologischen Elementen unseres Kulturkreises unlöslich verbundenen westeuropäischen« – wenn auch »unter Vorbehalt aller an der Verrottung und dem heuchlerischen Missbrauch der antichristlichen Humanitätsidee zu übenden Kritik«.

Zwar hatte sich Thomas Mann im Jahr 1922 nach der jahrelangen ideologisch-politischen Fehde auch mit dem schwer erkrankten Bruder Heinrich wieder ausgesöhnt, doch mit dessen französisch getönter »Humanitätsidee« konnte er sich immer noch nicht anfreunden. Der »Bruderzwist« hatte den Weltkrieg überdauert, und die Wunden sollten nur langsam vernarben. Deutlich wurde das, als der Verleger Samuel Fischer Thomas Mann bat, für die geplante Neuauflage der *Betrachtungen eines Unpolitischen* einige besonders deftige, gegen Heinrich gerichtete, Passagen zu streichen. »Fischer will«, so informierte der Autor am 4. Juli 1921 empört den Freund Ernst Bertram, »partout die ›Betrachtungen‹ gekürzt haben, und zwar um 10–12 Bogen. Halten Sie das für möglich, für erlaubt?«

Bertram, der Thomas Mann mit Nietzsche-Ideen für das Werk versorgt hatte, hielt Streichungen für möglich, wenn der inhaltliche Kern des nietzscheanischen Romantizismus nicht beschädigt würde. So wurde 1922 eine gekürzte Neufassung der *Betrachtungen* gedruckt, deren »unpolitische« Kontinuität der Autor aber ausdrücklich betonte: »Ich widerrufe nichts«, erklärte er in seiner Rede »Von deutscher Republik«, »ich nehme nichts Wesentliches zurück«. Gekürzt und geändert wurden vor allem jene Passagen, in denen er gegen die »Apotheosierung Emile Zolas« durch seinen Bruder Heinrich polemisiert. Doch zurück nimmt er auch hier nichts. Er spricht zwar in der Neufassung scheinbar positiv von der »sehr glänzenden Essay-Dichtung« des Bruders, verschärft aber gleichzeitig die Denunziation Zolas als »epischen Giganten von viehischer Sinnlichkeit, stinkender Übertriebenheit« und »unflätiger Kraft«. Und wer erwartet hatte, dass Thomas Mann vier Jahre nach Kriegsende in selbstkritischer Einsicht bereit gewesen wäre, auf die unerträglichen Jubelpassagen über die Versenkung der »Lusitania« zu verzichten, sah sich enttäuscht. Hier wurde kein Wort gestrichen oder verändert.

Festgehalten hat Thomas Mann nicht nur an den Ideen Nietzsches, sondern ebenso an denen Werner Sombarts. Nach wie vor beeindruckte ihn das 1915 erschienene Pamphlet des Nationalökonomen über den notwendigen Konkurrenzkampf der »Händler und Helden«. Die Deutschen, so Sombart, fühlten sich als Nation der Helden großen Taten und Ideen verpflichtet, während die Engländer – wie die Juden – seelenlosen Krämergeist und niedrige Profitgier verkörperten. Auch Thomas Mann schrieb der angelsächsischen Welt damals jene Attribute zu, die traditionell den Juden angelastet wurden. Und so war er durchaus einverstanden mit der kategorischen Schlussfolgerung Sombarts: »Rationalismus ist der Grundzug des Judaismus wie des Kapitalismus.« Für den Nationalökonomen wie für den Nationalschriftsteller stand gleichermaßen fest, dass die Kampflinie zwischen »händlerischer und heldischer Weltanschauung und dementsprechender Kultur« verlaufe. Der gegenwärtige Krieg werde als »Völkerkrieg um Weltanschauungen« geführt. Die beiden Völker, »die repräsentativ die beiden Gegensätze vertreten«, seien die Engländer und die Deutschen, erklärte Sombart: »Und nur als englisch-deutscher Krieg bekommt der Weltkrieg von 1914 seine tiefere welthistorische Bedeutung. Nicht aber wer die Meere beherrschen soll, ist die wichtige Menschheitsfrage, die jetzt zur Entscheidung steht; viel wichtiger und alles Menschenschicksal in sich fassend ist die Frage: welcher Geist sich als der stärkere erweist: der händlerische oder heldische.«

Auch der Philosoph Max Scheler propagierte in seinem ebenfalls 1915 erschienenen Buch *Der Genius des Krieges und der deutsche Krieg* den Kampf des hehren deutschen Geistes gegen die »Perversität« der englischen Zivilisation. Am deutlichsten kam diese Phobie in Parolen wie »Perfides Albion! Gott strafe England!« oder Ernst Lissauers »Hassgesang gegen England« zum Ausdruck. Besonders kräftig stimmte in diesen Gesang der Altphilologe Ulrich von Wilamowitz-Moellendorff ein, damals Präsident der »Preußischen Akademie der Wissenschaften« und zugleich Rektor der Berliner Universität: »Dort (in England) ist der eigentlich treibende böse Geist, der diesen Krieg emporgerufen hat, aus der Hölle, der Geist des Neides und der Geist der Heuchelei. Was gönnen sie uns nicht? Unsere Freiheit, unsere Selbständigkeit wollen sie untergraben, jenen Bau der Ordnung, der Gesittung und der freilich selbstbewussten Freiheit, den wir uns errichtet haben, wollen sie zerstören, die Tüchtigkeit und Ordnung nicht bloß in unserem Heer und in unserem Staatsaufbau, nein, in dem ganzen Bau unserer Gesellschaft. Wenn der englische Marineoffizier jetzt durch ein feines, schönes Glas hinausschaut, umschaut nach deutschen Kreuzern, so ärgert ihn – wir verdenken es ihm nicht –, dass das Glas in Jena geschliffen sein wird, und die Kabel, die die Meere durchziehen, sind zum größten Teil in Charlottenburg am Nonnendamm gefertigt. Die Güte der deutschen Arbeit wurmt ihn.«

Wie erklärt sich diese hasserfüllte Konstruktion eines Gegensatzes zwischen deutscher, »selbstbewusster Freiheit« und angelsächsischer »Heuchelei«, die sich ja nicht nur außenpolitisch und militärisch in zeitlichem Zusammenhang mit der »Lusitania«-Torpedierung äußerte, sondern auch in der Hetzkampagne gegen das »innere England«, das heißt gegen Sozialdemokraten, Linke und Liberale? War die angeblich »selbstbewusste Freiheit« nicht in Wirklichkeit eigene Unsicherheit und »Neid« der Deutschen, die diese nun den Engländern unterstellten? Offensichtlich existierte eine irrationale »German Angst«, die in Aggression umgeschlagen war. Bereits die wahnhafte Konkurrenz im Schlachtflottenbau hatte deutlich gemacht, dass der Kaiser und die Elite des Wilhelminismus in ihren Gefühlen für England zwischen Hass und Bewunderung schwankten. Historisch und psychologisch gesehen handelte es sich um einen »Familienkonflikt«, der sich besonders dramatisch entwickelte. Wenn der so heftig gegen England agitierende preußische Altphilologe Willamowitz-Moellendorff von »selbstbewusster Freiheit« sprach, dann meinte er jene von Hegel beschriebene deutsche

Version von »Herrschaft und Knechtschaft«, die als das Gegenteil von westlichem Freiheits- und Gleichheitsstreben verstanden wurde. In seiner »Phänomenologie des Geistes« konstruiert der Meisterdenker des deutschen Idealismus die soziale Stellung von Herr und Knecht aus der gegenseitigen Anerkennung ihres Selbstbewusstseins: Der Herr ist selbstbewusst auf Grund seiner Macht über »die anderen«, die ihrerseits als Knechte ihren Herrn fürchten, sich ihm aber im wörtlichen Sinn der »Ehr-Furcht« unterwerfen und mit seinem Selbstbewusstsein identifizieren. Je mächtiger die Herrschaft ist, umso beeindruckender wirkt sich auch ihr Glanz auf die Knechtschaft aus. So entsteht eine »Harmonie der Ungleichheit«.

Bevor Karl Marx diese Hegelschen Verhältnisse vom Kopf auf die Füße stellen wollte, fragte schon der Dichter Hölderlin ahnungsvoll seinen Philosophenfreund: »Herrn und Knechte siehst du, aber keine Menschen – ist das nicht wie ein Schlachtfeld?« Doch das Schlachtfeld verlagerte sich nach außen. Das herrschaftliche Selbstbewusstsein wurde zum deutschen Wesen (v)erklärt, Herren und Knechte fanden im deutschen Obrigkeitsstaat eine angemessene Ordnungsform, um sich gemeinsam gegen einen Wandel zur Wehr zu setzen. So erhielt der kriegerische deutsche Sonderweg gegen westliche Demokratie, Gleichheit und Freiheit eine metaphysische Begründung.

Zivilisationsliteraten

Dass sich die Idee der Abgrenzung des »deutschen Geistes« vom Westen so fanatisch und wahnhaft gestalten sollte, lag daran, dass sie immer umstritten war. Die »Ideen von 1914« ließen sich trotz aller Unterschiede der kulturellen Traditionen in Europa weder mit Kants Aufklärungsbegriff noch mit Hegels Geschichtsphilosophie als deutsches »Antisymbol« zur Französischen Revolution und westlichen Zivilisation totalisieren. Zu den heftigsten Einsprüchen gegen eine solche Abgrenzung zählen Heinrich Manns Essays *Zola* (1915), *Der Europäer* (1916) oder *Kaiserreich und Republik* (1918), die er gewissermaßen als erläuternden Kommentar zum *Untertan*-Roman im Sammelband *Macht und Mensch* zusammenstellte. »Wir gehen, jeder auf seinem Weg, dem Ziele aller entgegen – und nicht einmal die Wege müssen für immer getrennt bleiben«, heißt es in seiner Beschreibung des *Europäers* von 1916. »Europa samt und sonders ist in jedem von uns, alle unsere Rassen in jeder, jede in allen. Keins unserer großen Länder, das nicht die volklichen Grundtypen der anderen auch in sich vermischte. Die Mischungen sind verschieden; und je nach den Forderungen der Zivilisation und den Gelegenheiten der Geschichte überwiegt in einem Land zeitweilig ein Typ oder ein anderer. Wir Deutsche haben in unserer Vergangenheit einige Stunden eines Willens zur Demokratie, wie wenige andere, und glauben doch jetzt, wie keiner, an das Herrenrecht. Wir werden Lügen gestraft werden.« Und er grenzte das »europäische Gesicht« vom Ideal der eifernden »Rassenschwärmer« ab, deren »Germane« wie »ein Opernsiegfried« aussehen sollte, obwohl er eine Mischung aus Russen, Sizilianern und Kelten darstelle. »Schwache Denker kennen sich selbst nicht. Jene dort wollen einen ›Germanen‹ beweisen, und was sie aussprechen, ist der Europäer.« Auch erinnerte er an die Verbundenheit deutscher Dichter mit angelsächsischen Kulturtraditionen und führte hier nicht nur Goethe, sondern ebenso den frühen europäischen Stürmer und Dränger Jakob Michael Lenz an, der 1775 das melancholisch-schwärmerische Gedicht *Der Engländer* verfasst hatte.

Den abschließenden Höhepunkt des Essays bildete ein leidenschaftliches Plädoyer für die europäische Einheit: »Dem Europäer gehören unveräußerlich schon jetzt die Freiheit und die Selbstbestimmung. Vorgesehen aber sind ihm die Einheit und der innere Friede. Unser gemeinsames Haus hat innere Grenzen, die in irgendeiner guten Zukunft sollen aufgehoben werden. Nicht sollen sie blutig eingerissen und, wer dahinter wohnt, vernichtet werden. Wir wissen, dies ist sittlich unmöglich; und da Vernunft das Gesetz unseres Erlebens ist, ist es auch in der Tat unmöglich. Eine Katastrophe, und dann weiter. Sie kann uns verwunden, aber nicht umbringen, und sie muss uns stärken. Wir sind geschaffen für Katastrophen. Nie haben wir durch unseren Krieg das tiefe Gewissen verlernt, dem das letzte Ziel unserer Kämpfe bekannt ist. Sie sollen uns, durch die Vergeblichkeit unseres Hasses selbst, hinleiten zu unser aller Vereinigung.«

Mit seinen Texten wurde Heinrich Mann ein anerkannter Wortführer der intellektuellen Opposition und Friedensbewegung, die sich vor allem um die expressionistischen *Weißen Blätter* gruppierte. Ihr Herausgeber, der aus dem Elsass stammende René Schickele, befand sich als Pazifist und »Deutsch-Franzose« seit Kriegsbeginn in einem besonderen Belagerungszustand, und nach seiner öffentlichen Kritik an der »Lusitania«-Versenkung »nahm das Interesse der Kriminalpolizei für die Weißen Blätter«, wie er es ausdrückte, »quälende Formen an«. So musste auch Schickele, wie Leonhard Frank und andere Publizisten, mit seiner Zeitschrift in die Schweiz umsiedeln. Die neutrale Schweiz, der viele Exilliteraten nach 1933 ihr künstlerisches Überleben verdanken sollten, wurde schon während des Ersten Weltkriegs zum Zufluchtsort der »vaterlandslosen« Kriegsgegner und zum internationalen Zentrum des Pazifismus. Auch Rosa Luxemburgs berühmte *Junius*-Broschüre, in der die radikale Friedenskämpferin und Sozialrevolutionärin einen Zusammenhang zwischen dem kriegerischen »Weltdrama« und der »Krise der Sozialdemokratie« aufzeigte, wurde 1915 über die Zürcher Verlagsdruckerei Union vertrieben. 1916 und 1917 erschienen die *Weißen Blätter* ebenfalls in Zürich, danach in Bern.

Zu den deutschsprachigen Autoren gehörten neben Heinrich Mann unter anderem Hugo Ball, Martin Buber, Eduard Bernstein, Wilhelm Foerster, Hermann Hesse, Franz Kafka, Annette Kolb, Else Lasker-Schüler, Berthold Viertel und Franz Werfel. Ein besonderes Merkmal der *Weißen Blätter* war ihr internationaler Charakter. Nachdem Gustav Landauer Ende 1915 für die letzte Deutschland-Ausgabe die amerikanische Literatur mit der Übersetzung eines Gedichtes von Walt Whitman gewürdigt hatte, kam in der Schweiz

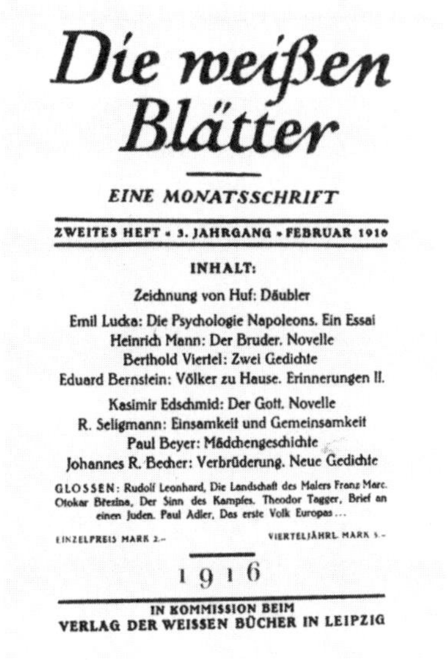

Die weißen Blätter

EINE MONATSSCHRIFT

ZWEITES HEFT • 3. JAHRGANG • FEBRUAR 1916

INHALT:

Zeichnung von Huf: Däubler
Emil Lucka: Die Psychologie Napoleons. Ein Essai
Heinrich Mann: Der Bruder. Novelle
Berthold Viertel: Zwei Gedichte
Eduard Bernstein: Völker zu Hause. Erinnerungen II.
Kasimir Edschmid: Der Gott. Novelle
R. Seligmann: Einsamkeit und Gemeinsamkeit
Paul Beyer: Mädchengeschichte
Johannes R. Becher: Verbrüderung. Neue Gedichte

GLOSSEN: Rudolf Leonhard, Die Landschaft des Malers Franz Marc. Otokar Březina, Der Sinn des Kampfes. Theodor Tagger, Brief an einen Juden. Paul Adler, Das erste Volk Europas …

EINZELPREIS MARK 2.– VIERTELJÄHRL. MARK 5.–

1916

IN KOMMISSION BEIM
VERLAG DER WEISSEN BÜCHER IN LEIPZIG

»Ein intellektuelles Magazin mit pazifistischer Tendenz«. So charakterisierte der Maler George Grosz *Die Weißen Blätter*.

auch der französische Autor Henri Barbusse zu Wort. 1917 veröffentlichte die Redaktion auszugsweise eine deutsche Übersetzung seines ein Jahr zuvor erschienenen Episodenromans *Le Feu* (*Das Feuer*). Der Roman, der die Fronterlebnisse des Autors tagebuchähnlich verarbeitet, gilt als erstes literarisches Werk, das schonungslos mit der verlogenen Kriegsromantik aufräumt und das Elend der Stellungskriege authentisch als Mord und Selbstmord beschreibt. Als freiwilliger Infanterist hatte Barbusse 1914 noch einen »heiligen« Sinn im Krieg gesehen, zwei Jahre später schrieb er als Desillusionierter voller Verachtung über die verbrecherische Militärbürokratie, die dumpfe Begeisterung der Presse und die Heuchelei der Kirche. Die einfachen Soldaten jedoch werden von ihm als humane Wesen dargestellt: »Es sind keine Abenteurer, keine Krieger, die zur Menschenschlächterei als Schlächter oder Schlachtvieh geboren sind. Es sind Ackersleute und Arbeiter, die man unter den Uniformen erkennt. Es sind entwurzelte Bürgersleute. Nun stehn sie bereit und warten auf das

Zeichen des Todes und des Mordens; aber, wenn man durch die senkrechten Blitze der Bajonette ihre Gesichter betrachtet, sieht man, dass es einfache Menschen sind.«

Mit seiner humanen Botschaft habe Barbusse, so Heinrich Mann, das »nachhaltigste Volksbuch« über den Ersten Weltkrieg »hinterlassen«. Für die militanten Repräsentanten des »deutschen Geistes« war diese Botschaft natürlich eine Provokation, zumal sie das Programm des französischen Autors von 1914 noch nicht vergessen hatten, in dem er einen »sozialen Krieg« gegen »den Militarismus und Imperialismus, den Säbel, den Stiefel und die Krone, den Kronprinzen, die Feudalherren und die Landsknechte« propagiert hatte. »Die Welt«, so Barbusse, könne sich »nicht befreien, wenn sie nicht von diesen Feinden befreit« würde. Für Thomas Mann aber ergab sich noch ein ganz besonderes Ärgernis, denn im ersten Kapitel des *Feuers* sah er sein *Zauberberg*-Motiv bereits vorweggenommen. Da werden die Horrorvisionen des Krieges mit der malerischen Gebirgskulisse des Mont Blanc kontrastiert und die Insassen eines mondänen Lungensanatoriums ahnen »das Grenzenlose« des Geschehens und befürchten den Untergang der »alten Welt«. Obwohl der Roman auch in Frankreich von der nationalistischen Presse, den rechten Parteien und der klerikalen Reaktion heftig kritisiert wurde, erhielt Barbusse noch im Erscheinungsjahr den wichtigsten französischen Literaturpreis, den »Prix Concourt«.

Auch ein anderer französischer Autor wurde 1916 als Vorbild der internationalen Friedensbewegung geehrt: Romain Rolland war nachträglich für den Literaturnobelpreis des Vorjahres nominiert worden, »als Anerkennung für den hohen Idealismus seines dichterischen Werkes und für die Wärme und Wahrhaftigkeit, mit der er die Menschen in ihrer Verschiedenartigkeit dargestellt hat«. Internationale Beachtung hatte Rolland bereits mit seinem zehnbändigen Romanwerk *Jean-Christophe* (1904–1912) erzielt. Der Romanheld ist ein in Frankreich lebender deutscher Komponist, der über das Medium Musik »deutsche

Energie« und »französische Intellektualität« vereint. Schon dieses Buch wurde als Dokument der Völkerverständigung gefeiert, als leidenschaftliche Einrede gegen eine Tradition der deutsch-französischen »Erbfeindschaft«. Als Rolland vom Ausbruch des Krieges in der Schweiz überrascht wurde, beschloss er dort zu bleiben und die Neutralität des Landes für Friedensaktivitäten zu nutzen. So spendete er sein Nobelpreisgeld an das »Rote Kreuz« und schrieb im *Journal de Genève* eine Artikelserie unter dem Titel *Au-dessus de la melée* (*Über dem Schlachtgetümmel*), die 1915 auch als Buch erschien.

»Über den Kriegsparteien stehend« versuchte Rolland sowohl Frankreich als auch Deutschland für einen Verhandlungsfrieden zu gewinnen. Seine Aktivitäten waren kaum zu überblicken, er war nicht nur Publizist, sondern auch Organisator. Stefan Zweig besuchte Romain Rolland in Genf und war überwältigt von der Aura, die diesen »Zivilisationsliteraten« umgab: »Und nun stand ich endlich in seinem Zimmer – fast schien es mir dasselbe wie in Paris. Da stand wie damals mit Büchern verstellt der Tisch und der Sessel. Der Schreibtisch flutete über von Zeitschriften, Zuschriften und Papieren, es war dieselbe schlichte und doch der ganzen Welt verbundene Mönchsklause der Arbeit, die sich aus seinem Wesen überall um ihn baute, wo immer er sich befand.«

Stefan Zweig war sich »voll bewusst«, dass ihm »mit diesem Freunde der wichtigste Mann dieser unserer Weltstunde gegenüberstand«, dass es »das moralische Gewissen Europas war«, das zu ihm sprach. »Nun erst konnte ich übersehen, was alles er tat und getan in seinem großartigen Dienst um die Verständigung. Nacht und Tag arbeitend, immer allein, ohne Hilfe, ohne Sekretär verfolgte er alle Manifestationen in allen Ländern; unterhielt eine Korrespondenz mit zahllosen Menschen, die ihn um Rat in Gewissensangelegenheiten baten, schrieb jeden Tag viele Blätter in sein Tagebuch; wie keiner von allen in dieser Zeit hatte er das Gefühl für die Verantwortung, historische Zeit mitzuerleben, und empfand es als Bedürfnis, Rechenschaft einer späteren zu hinterlassen.« Dabei war Rolland »ein schwacher, zarter, gerade damals in seiner Gesundheit sehr bedrohter Mann, der nur leise zu sprechen imstande war und stets mit einem leichten Hüsteln zu kämpfen hatte, der nie ohne umgelegten Shawl einen Gang betreten konnte« und dennoch »Kräfte einsetzte, die an der Größe der Anforderung ins Unwahrscheinliche gewachsen waren«.

Weniger moralisch, sondern mit beißender Ironie formulierte der französische Autor Pierre Mac Olan seinen Einspruch gegen ein kriegerisches Sonderwegsbewusstsein und den behaupteten Widerspruch von Kultur und Zivilisation. 1917 erschien seine groteske Polemik »U-713 oder Die Unglücksritter«, vordergründig eine Verspottung der deutschen U-Boot-Begeisterung, im Wesenskern aber eine generelle Kritik der totalen »Maschinierung« der menschlichen Verhältnisse und Gefühle. Auch die englische Literatur wurde seit 1916 nicht mehr von euphorischen Kriegssonetten wie Rupert Brookes »The Soldier« bestimmt, sondern von einer neuen Sichtweise. Junge Dichter wie Wilfred Owen, Robert Graves oder Edmund Blunden, die sich nach der »Lusitania«-Versenkung freiwillig zum Kriegseinsatz gemeldet hatten, wandten sich bald in ihren Darstellungen von den heroischen Schablonen ab und empfanden die Ästhetisierung des Grauens als Lüge. Traumatische Fronterfahrungen brachten Wilfred Owen zu der Erkenntnis: »Vor allem geht es mir nicht um Poesie. Mein Thema ist Krieg und Mitgefühl für die Opfer des Krieges. Die Poesie ist im Mitgefühl.«

Kriegsmaler und Künstlerprotest

Die radikalste künstlerische Reaktion auf den Krieg kam von jenen Malern und Schriftstellern, die im Februar 1916 in Zürich das »Cabaret Voltaire« gründeten und die Idee des Dada ins Leben riefen. Wortführer waren der Poet und Philosoph Hugo Ball, seine Freundin, die Kabarettistin Emmy Hennings, die Schriftsteller Richard Huelsenbeck und Tristan Tzara sowie die Maler

Hans Richter und Hans Arp. Das Antiprogramm des Dadaismus bestand im zerstörerischen Zweifel an allen traditionellen Idealen und Normen von Kunst, Kultur und Zivilisation. Um die Sinnlosigkeit von intellektueller Logik und bürgerlicher Kultur zu verdeutlichen, illustrierte Hans Arp mit surrealistischen Kritzeleien die wortlosen *Klanggedichte* von Hugo Ball und Tristan Tzara.

Doch unpolitisch waren die authentischen Dadaisten nicht. Angesichts der »Schlächtereien des Weltkrieges« müsse man, so Arp, »Ekel vor der albernen verstandesmäßigen Erklärung der Welt« empfinden. Das war auch eine Ablehnung der weit verbreiteten Neigung, im Krieg eine Art Kunst, die Darstellung eines höheren Lebens, zu sehen. Nicht nur den italienischen Futuristen um Filippo Tommaso Marinetti erschien der Krieg als »reinigende Kraft«, als »einzige Hygiene der Welt«, auch avantgardistische deutsche und österreichische Maler wie Max Ernst, Richard Dehmel, Otto Dix, Ernst Ludwig Kirchner, Oskar Kokoschka, Wilhelm Lehmbruck oder Franz Marc äußerten sich anfangs als Soldaten und Künstler in diesem Sinne.

»Mein Herz ist dem Krieg nicht böse, sondern aus tiefem Herzen dankbar, es gab keinen anderen Durchgang zur Zeit des Geistes, der Stall des Augias, das alte Europa konnte nur so gereinigt werden «, schrieb Franz Marc im November 1914 euphorisch an Wassily Kandinski. Die von diesen beiden expressionistischen Malern gegründete Gruppe »Blauer Reiter« löste sich auf und Marc starb im März 1916 im Schützengraben vor Verdun. Der Krieg vernichtete nicht nur einzelne Künstlerleben, sondern zerstörte die Avantgarde als internationales, kulturelles Netzwerk. Auch der österreichische Maler und Grafiker Oskar Kokoschka distanzierte sich in seiner Waffenbegeisterung von der Bewegung des Expressionismus und wurde offizieller K.u.K-»Kriegsmaler«. Obwohl er als Freiwilliger eines Dragonerregiments in der Ukraine im Herbst 1915 durch einen Kopfschuss und einen Bajonettstich schwer verwundet worden war, meldete er sich im Frühjahr 1916 zum Propagandaeinsatz an der Isonzo-Front.

Völlig anders verlief die künstlerische Entwicklung des Malers und Grafikers Max Beckmann, der sich vom Impressionisten zum Expressionisten wandeln sollte. Nach Kriegsausbruch erklärte er: »Auf Franzosen schieße ich nicht, von denen habe ich so viel gelernt. Auf die Russen auch nicht, Dostojewskij ist mein Freund.« Aufgrund seiner schrecklichen Erlebnisse als Sanitätshelfer an der Ostfront und Flandern erlitt er im Sommer 1915 einen Nervenzusammenbruch und wurde beurlaubt. Beckmanns persönlicher Zusammenbruch führte zu einem künstlerischen Neuanfang. Seine »hartkonturierten« Zeichnungen aus dieser Zeit dokumentieren einen vollständigen Bruch mit seiner figurativen Vorkriegsmalerei. Die Bilder zeigen hilflose und traurige Menschen, Verwundete und Sterbende in ihrem trostlosen Elend. Beispiele für die neue, fast sakrale Eindringlichkeit sind sein »Selbstbildnis als Krankenpfleger« oder der Lithografienzyklus *Die Hölle*.

Der wohl ungewöhnlichste »sakrale« Antikriegsprotest aber war eine künstlerische Aktion des Kirchenmalers Friedrich Stummel, die bis heute unter Zensur steht. 1916 stellte der Maler in der Marienbasilika des niederrheinischen Wallfahrtsort Kevelaer in vier Szenen die apokalyptischen Gestalten »Pest«, »Tod«, »Krieg« und »Hunger« dar und konzentrierte sich dabei auf aktuelles Leid und deutsche Kriegsverbrechen. Im Zentrum der an die Wand des linken Kreuzarms der Basilika gemalten Bilder stand eine anklagende Darstellung vom Untergang der »Lusitania«. Man sah aber auch Belagerungen und Zerstörungen, die an das Vorgehen der Deutschen in Belgien und Frankreich erinnerten. Verwundete wurden von Sanitätern in neutralen Uniformen gepflegt, und ein Soldat teilte sein Brot mit hungernden Kindern.

Im Sommer 1917 gab es öffentliche Kritik an Stummels Kunstwerk, die sich zur Staatsaffäre steigern sollte. In ihrer Morgenausgabe vom 28. Juli ließ die *Kölnische Zeitung* einen namenlosen

Der Weltkrieg zerstörte die Avantgarde als internationales Netzwerk. Titel-Illustration zum Almanach *Der blaue Reiter* von 1912.

»Leutnant« zu Wort kommen, der eine »Durchreise durch den berühmten Wallfahrtsort« mit einem Kirchenbesuch verband und dabei den Frevel entdeckte: »So war es die Art eines in der jüngsten Zeit entstandenen Wandgemäldes, die mich in nicht geringes Erstaunen versetzte. Im linken Querschiff nämlich befindet sich ein Bild, das offenbar die Schrecken des Weltkrieges und die grausigen Wirkungen der modernen Kriegsführung darstellen soll.« Nach genauer Betrachtung aber machte sich beim Leutnant »der Eindruck geltend, dass die Betrachtung einseitig ist und einen politischen Beigeschmack hat«. In den von Stummel dargestellten Ruinen glaubte er »unzweideutige Anklänge an gewisse Gebäude in Löwen« (gemeint waren Rathaus und Bibliothck) zu crkcnnen, und die Torpedierungsszene erinnerte ihn offenbar an die »Lusitania«-Katastrophe: »Unter der Wirkung eines Torpedoschusses des deutschen Unterseebootes versinkt ein mächtiger Personendampfer mit vier Schornsteinen … Beide Bilder lege man aus wie man will. Ich frage: Ist das Zufall oder

Absicht des Malers? Wenn ein Zufall vorliegt, so hat zum mindesten eine bedauerliche Sorglosigkeit der kirchlichen Aufsichtsbehörde geobwaltet, von der die Entwürfe doch wohl genehmigt worden sind. Hat der Maler aber bewusst die dem Beschauer sich aufdrängenden Gedanken hervorrufen wollen, so fordert er damit die scharfe Kritik jedes für sein Vaterland kämpfenden Deutschen – und wer zählt dazu heute nicht? – heraus.«

Der anonyme »Leutnant« informierte den Leser auch darüber, dass er das Problem mit einem »katholischen Geistlichen« besprochen habe, »der von dem Gemälde den gleichen peinlichen Eindruck hatte«. Und er sah sich genötigt, zu betonen, dass es »für einen Deutschen durchaus nicht etwa das Zeichen eines schlechten Gewissens« sei, »wenn er an dem geschilderten Bild Anstoß nimmt.« Diese Kritik in der *Kölnischen Zeitung* führte zu einer Kontroverse zwischen der Kirche in Kevelaer und dem Bistum in Münster und wurde sogar in Berlin wahrgenommen. Als die kaiserliche Regierung sich einschaltete, ordnete der Bischof die Übermalung der Bilder an.

Was hatte den bisher politisch unauffälligen Kirchenmaler zu der erstaunlichen Protestaktion veranlasst? Seine Ausbildung und vorherige Tätigkeit liefern kaum Anhaltspunkte für eine rebellische Gesinnung. Friedrich Franz Maria Stummel wurde am 20. März 1850 in Münster geboren, besuchte die dortige Domschule und später das Gymnasium in Osnabrück, das er als 16-Jähriger ohne Abitur verließ. Er entdeckte seine künstlerische Begabung und wurde Student der Düsseldorfer Kunstakademie, wo ihn das »Nazarenertum« seiner Lehrer Ernst Deger und Eduard von Gebhardt über ein Jahrzehnt beeinflussen sollte. Nach Abschluss seiner Akademieausbildung unternahm er mehrere Studienreisen nach Italien und begann mit der Kirchenmalerei, die er als Wiederbelebung der sakralen Kunst des Mittelalters verstand. Seine erste größere Arbeit war 1878 die Mitgestaltung der Chorfresken des Doms von Treviso. Dann lernte er in Rom den Historienmaler und Kunstprofessor Friedrich Geselschap

»Leo XIII. am Steuerruder der Kirche Gottes« – Dieses Gemälde von Friedrich Stummel ist heute noch in Kevelaer zu sehen. Sein »Lusitania«-Bild wurde übermalt.

kennen, der ihn Anfang der 1880er-Jahre zur Mitarbeit an der Ausschmückung der preußischen »Ruhmeshalle« im Berliner Zeughaus einlud.

Doch die Gestaltung allegorischer Wandgemälde zum Ruhme der preußischen Tugenden fiel dem »Nazarener« schwer. Vor allem die Aufgabe, die riesige Gemäldefläche im Kuppelraum (vier Meter hoch und 70 Meter lang) mit den Themen »Kriegsausbruch«, »Die Unterwerfung der Feinde« und »Bekränzung des Triumphators« zu füllen, ließ sich nicht mit seinem sakralen Kunstverständnis vereinbaren. Stummel lehnte die preußische Militär- und Machtsymbolik ab, empfand Berlin als »öde Wüste« und sehnte sich zurück in die beschauliche Religiosität der rheinischen Provinz. Zwar führte er in Berlin noch die ornamentale Gestaltung der Rosenkranz-Basilika in Steglitz und der Herz-Jesu-Kirche im Prenzlauer Berg aus, doch die ihm von der Charlottenburger Hochschule für bildende Künste angebotene Professur für mittelalterliche Malerei nahm er nicht an.

So sollte der Wallfahrtsort Kevelaer ab 1882 – mit Unterbrechungen durch auswärtige Arbeiten unter anderem in Aachen, Anholt, Kleve, Köln oder Luxemburg – zu Stummels künstlerischem Lebensprojekt werden. Hier ließ er sich mit seiner Familie nieder, baute ein riesiges Atelier und gründete eine Mal- und Zeichenschule. Nach jahrelanger Vorbereitung begann er im Sommer 1891, unterstützt von zahlreichen Helfern (so vor allem von Heinrich Holtmann und Josef Cürvers), mit der Ausmalung der Marienbasilika. Die Arbeiten an den Chorräumen, der Vierung und des südlichen Querschiffs zogen sich bis 1912 hin und nach Ausbruch des Krieges war eine kontinuierliche Weiterarbeit nicht mehr möglich. Immerhin wurde auch das nördliche Querhaus bis 1916 fertiggestellt.

1916 war Kevelaer zu einer Garnisons- und Lazarettstadt geworden. Verwundete erhielten ihre Pflege in Privatquartieren und Freiwillige, die öffentlich für den Fronteinsatz trainiert wurden, mussten jeden Sonntag in der Marienbasilika aufputschenden »Kriegsandachten« lauschen. In dieser Zeit, als das Kriegselend auch die Alltagsatmosphäre der »Heimatfront« und deren kirchliche Rituale zu bestimmen begann, entschloss sich der christliche Künstler Stummel, unterstützt durch seinen Schüler Josef Cürvers, zum symbolischen Antikriegsprotest. So entstanden jene »skandalösen« Weltkriegsszenen, über die die *Kölnische Zeitung* am 28. Juli 1917 berichtete und sich dabei vor allem über die Darstellung der »Lusitania«-Torpedierung empörte.

Nach der 1918 kurz vor Kriegsende auf kaiserliche und bischöfliche Anordnung hin erfolgten Übermalung gerieten Protest und Zensur schnell in Vergessenheit. Skizzen oder Fotografien liegen nicht vor. Erst 1979 wurde im Kevelaer Priesterhausarchiv die Korrespondenz mit dem Bischof entdeckt, in der die zensierten Bilder beschrieben sind. Doch heute sind auch diese Briefe wieder unter Verschluss. Als der inzwischen verstorbene Redakteur und Herausgeber der *Kevelaer Enzyklopädie*, Martin Willing, Ende 2011 für einen Bericht zum Thema recherchierte, musste er feststellen, dass die Dokumente in der Archivakte fehlen. Willings Anliegen ist nach wie vor aktuell: »Die der Zensur zum Opfer gefallenen Kriegsbilder Stummels waren die ersten und einzigen Arbeiten, über die sich der Kirchenmaler kritisch mit seiner ›Jetzzeit‹ auseinandersetzte. Ihr Verlust ist umso schmerzlicher, als sie die künstlerische Bedeutung Stummels, den man nicht nur im freundlichen Sinn den ›letzten Nazarener‹ nennt, unterstrichen hätten. Es wäre eine lohnenswerte Aufgabe, die Übermalungen daraufhin zu überprüfen, ob die Kriegsbilder tatsächlich zerstört worden sind oder ob sie unter der Übermalung existieren. Wenn sie noch vorhanden sind, könnte das Stummel-Ensemble seine ursprüngliche Fassung zurückbekommen.«

Auch für den Ersten Weltkrieg gilt, dass Geschichte immer aus dem Blickwinkel der jeweiligen Gegenwart betrachtet wird. Wahrnehmung und Bewertung von historischen Ereignissen sind in der Regel national geprägt, und global verbindliche Deutungen gibt es kaum. Die Bildmotive des deutschen Kirchenmalers Friedrich Stummel entsprechen als große Ausnahme einem europäischen Erinnerungsmuster.

Epilog: »Entgrenzung« und Kontinuität

Mit der bewussten Inkaufnahme zahlloser ziviler Opfer durch die gnadenlose Torpedierung des unbewaffneten Passagierdampfers »Lusitania« realisierte die Besatzung eines deutschen U-Bootes im Mai 1915 erstmals mit schrecklicher Symbolik das später von Ludendorff perfektionierte Konzept einer »totalen« Kriegsführung. Es war die »Eliminierung des Unterschiedes zwischen Zivilisten und Soldaten« (Golo Mann). Nur wenige Wochen später führte ein deutscher Zeppelin den ersten Luftangriff auf London durch, dessen Opfer ebenfalls in erster Linie die Zivilbevölkerung war.

Betrachtet man die Einsätze von U-Booten, Bomben und Giftgas, die flächendeckende Zerstörung von Infrastrukturen und Landschaften sowie den Völkermord in Armenien im Zusammenhang, dann war schon diese Phase des Ersten Weltkrieges ein Vorspiel für den Zweiten. Es war der Beginn einer industrialisierten Entgrenzung der Gewalt, die ihren grauenvollen Höhepunkt in »Auschwitz« finden sollte, aber auch mit symbolträchtigen Stationen und Orten wie »Stalingrad« und »Hiroshima« verbunden war. Studien des Militärgeschichtlichen Forschungsamtes in Potsdam haben »die Entgrenzung des Krieges« als einen fortschreitenden »gesellschaftlichen Prozess« beschrieben, der die »soziale Realität« der verschiedenen Fronten ebenso beeinflusst habe wie »den Kampf um die Deutung des Kriegserlebnisses« und »die Erfahrungen von fremden kulturellen Räumen«. Für den Verlauf beider Weltkriege ist auffällig, dass »das Unvermögen, die Leiden und Opfer der anderen Seite anzuerkennen«, besonders in Deutschland ausgeprägt war.

Der Erste Weltkrieg forderte 17 Millionen Tote, brachte aber keine Lösung der Konflikte. Die neuen kleinen Staaten, die nach dem Zusammenbruch der alten Monarchien geboren wurden, blieben instabil und schürten untereinander alte und neue Ressentiments. Nach 1918 entstand in Europa kein »neues Gleichgewicht zwischen den Mächten – obwohl die russische Oktoberrevolution eine transnationale Bedeutung gewann und der direkte Einfluss Amerikas ein Novum war. 1917 hatten die Vereinigten Staaten von Amerika zum ersten Mal militärisch in Europa eingegriffen und damit die Wende im Krieg herbeigeführt. Weil nun auch ihre Soldaten in europäischer Erde begraben waren, begründete sich ein Mitspracherecht der großen transatlantischen Nation für zukünftige europäische Angelegenheiten – mit friedlicher Perspektive. Dennoch sollte sich in einem neuen Krieg die traditionelle Mächtekonstellation in ihrem Kern wiederholen: Deutschland gegen England, Frankreich, Russland und Amerika. Schon 1919 hatte der französische Marschall Ferdinand Foch prophezeit, dass der Erste Weltkrieg eine Fortsetzung haben würde. Der Vertrag von Versailles bedeute keinen Frieden, sondern nur »einen Waffenstillstand«, der höchstens »20 Jahre« dauern werde. Die imperialistischen Strukturen Deutschlands waren durch die Kriegsniederlage und den Friedensvertrag zwar geschwächt, aber nicht vernichtet. Wie wäre sonst der Wiederaufstieg zu einer neuen kriegerischen Großmacht zu erklären, die 25 Jahre später fast ganz Europa erobern konnte?

Eine nicht unwichtige Rolle für diese Kontinuität spielte die widersprüchliche und »unheilige Allianz« (Gerd Koenen) zwischen Deutschland und Russland. Schon Lenin hatte ein heimliches Bündnis mit dem deutschen Kaiserreich angestrebt. Und auch in den bürgerlichen Kreisen Deutschlands waren nicht nur Angst und Schrecken vor dem Überspringen des Funkens der bolschewistischen Revolution verbreitet. Viele empfanden eine Art kulturelle Seelenverwandschaft mit dem Nachbarn im Osten. Vor allem Dostojewski wurde als ein mit Nietzsche vergleichbarer »Kronzeuge« gegen die »seelenlose Moderne« des Westens gefeiert. Nicht zufällig pries Arthur Moeller van den Bruck, der Vordenker der deutschen »konservativen Revolution«, die »russische Geistigkeit« der Werke Dostojewskis. Thomas Mann charakterisierte 1921 die russisch-deutschen Beziehungen als »Kameradschaft zweier großer, leidender und zukunftsvoller Völker«. Ein geradezu symbolisches Beispiel dieser widersprüchlichen »Allianz« war das Schicksal des berühmten russischen Panzerkreuzers »Aurora«: Im Oktober 1917 gaben seine Bordkanonen das Signal zum revolutionären Sturm auf das Winterpalais des Zaren in St. Petersburg – im September 1941 wurden diese Kanonen demontiert und zur Verteidigung der Stadt, die jetzt Leningrad hieß, gegen die Deutschen eingesetzt. Der »Hitler-Stalin-Pakt« galt nicht mehr und deutsche Flugzeuge versenkten das »waffenlose« Kriegsschiff der Revolution im Hafen.

Begreifen kann man die epochale Bedeutung des Ersten Weltkriegs erst dann, wenn man ihn als dialektische Vorgeschichte des Zweiten Weltkriegs erkennt. Nur vor diesem Hintergrund ist auch verständlich, warum sich das historische Schlagwort vom Ersten Weltkrieg als der »Urkatastrophe« so schnell durchzusetzen vermochte. Allerdings ist die Wirkungsmächtigkeit dieser Formel auch in einem Mangel begründet. Vermutlich konnten sich die Historiker so schnell auf sie einigen, weil sie die Schuldfrage offen ließ. An der Frage der Schuld kommt man indes nicht vorbei, wenn man sich genauer mit Rolle und Tradition der Eliten in beiden Weltkriegen beschäftigt.

Für Golo Mann entwickelte der Zweite Weltkrieg zwar »durchaus neue Charakterzüge«, blieb aber im Prinzip eine »Wiederholung« des Ersten: »Die Wiederholung ist überall, bis ins Persönliche. Churchill und Roosevelt waren im Ersten Weltkrieg schon tätig, nur eine bis zwei Stufen tiefer. Roosevelt wiederholte 1942 nicht bloß sich selber; er wiederholte auch Woodrow Wilson, dessen bewundernder Freund und Schüler er war. Er wollte es besser machen als Wilson, realistischer, belehrt durch mannigfache Erfahrungen, aber die Grundkonzeption blieb die gleiche: Kampf für Demokratie und nationale Selbstbestimmung, gegen Autokratie und Barbarei, Völkerbund und nie wieder Krieg am Ende. Wobei das Unheimliche ist, dass, was 1917 nur zu einem geringen Teil zutraf, was damals den Kern der Sache nicht traf, ihn 1942 völlig traf oder noch nicht einmal erreichte. 1917 hatte man ›Wolf!‹ gerufen, aber der Kaiser war keiner. Nun war der Wolf da, und noch grausamer als man wusste. Der amerikanisch-russische Konkurrenzkampf um die Gunst des unfreien Teils der Welt, um die Gunst einer echten oder falschen Freiheitsgöttin, 1917 und wieder 1941 begonnen, erreichte beide Male seinen Höhepunkt nach Kriegsende. Hitler wiederholte Wilhelm und Ludendorff, indem er es ganz ungleich besser machen wollte als sie. ›Damals war es der Kaiser; jetzt bin ich es …‹ Überaus schicksalsträchtig sind seine Beziehungen zu Ludendorff, in dessen angeregtem und wirren Kopf die Eliminierung des Unterschiedes zwischen Zivilisten und Soldaten schon 1916 spukte, der später in seinem Buch über den ›totalen Krieg‹, zumal in dem Kapitel über den ›Feldherrn‹, genau das Amt beschrieb, das Hitler einnehmen sollte – einschließlich des letzten Hitlerschen Apercus, wonach der Feldherr für sein Volk zu groß sein könnte. Die beiden fanden sich bald nach 1919 zusammen. Was sie wieder auseinandertrieb, waren verschiedene Ansichten, nicht so sehr in der Sache, wie der Rolle, welche sie selber in der Sache zu spielen gedachten …«

Auch der nach dem Ersten Weltkrieg im holländischen Exil lebende deutsche Ex-Kaiser Wilhelm II. sah in Hitlers Expansionspolitik und Antisemitismus eine Fortsetzung und Erfüllung seiner eigenen Ziele. Als die deutschen Truppen 1940 Paris erobert und Frankreich zur Kapitulation gezwungen hatten, schickte er Hitler ein Glückwunschtelegramm und teilte seiner Schwester hoch erfreut mit: »Die Hand Gottes schafft eine neue Welt und wirkt Wunder … Wir werden die Vereinigten Staaten von Europa unter deutscher Führung, ein vereinigter europäischer Kontinent, den niemand je zu hoffen wagte.« Zu einem Zeitpunkt, als die SS-Führer Heinrich Himmler und Reinhard Heydrich bereits ihre »Endlösungs«-Pläne vorbereiteten und Anne Franks Familie in Amsterdam ein Versteck suchte, stellte der Ex-Kaiser in Doorn zufrieden fest: »Die Juden verlieren ihre unheilvollen Positionen in allen Ländern, die seit Jahrhunderten zur Feindlichkeit getrieben haben.«

Dass Elemente des kriegerischen Expansionismus und mörderischen Antisemitismus Hitlerdeutschlands als »Keime des späteren Unheils« im Kaiserreich bereits angelegt waren, hat als Zeitzeuge beider Systeme auch der Historiker Friedrich Meinecke früh erkannt und benannt. Für ihn waren Aufstieg und Zusammenbruch beider Systeme eine zusammenhängende »deutsche Katastrophe«, deren »erstes Wetterleuchten« sich schon am Ende des 19. Jahrhunderts gezeigt habe. An dieser Frage hat sich in Deutschland immer wieder ein Historikerstreit entzündet, besonders heftig zu Beginn der 1960er-Jahre, als der Hamburger Historiker Fritz Fischer sein Buch *Griff nach der Weltmacht* veröffentlichte. Fischer unterstützte nicht nur die Auffassung, dass das deutsche Kaiserreich den größten Anteil an der Verantwortung für den Ausbruch des Krieges hatte, sondern glaubte auch, dass die politische Führung diesen sogar langfristig als Eroberungskrieg geplant habe, mit Zielen, die sich kaum von denen Hitlers unterschieden.

Das von Golo Mann konstatierte Element der »bis ins Persönliche« reichenden Kontinuität und »Wiederholung« zeigte sich in besonderem Maße auch im Bereich der U-Boot-Krieger. Auffällig ist, wie schon aufgezeigt, dass fast alle überlebenden U-Boot-Kommandeure des Ersten Weltkriegs später auch einflussreiche Positionen im politischen und militärischen System des Nationalsozialismus einnehmen sollten. Das anschaulichste Beispiel dafür ist die Karriere von Karl Dönitz: Er stieg vom U-Boot-Kommandanten des Ersten Weltkriegs zum Befehlshaber der deutschen U-Boot-Flotte im Zweiten Weltkrieg auf, wurde Admiral und Chef der gesamten Marine – und trat schließlich im Mai 1945 sogar für ein paar Wochen das Erbe Hitlers an. Mit seinem Namen und seiner Funktion ist vor allem die Eskalation des Seekriegs verbunden, die auf beiden Seiten zu schrecklichen Schiffskatastrophen führen sollte. Die Serie der bewusst herbeigeführten Tragödien, die mit der Versenkung der »Lusitania« im Mai 1915 begann, setzte sich mit dem Untergang des sowjetischen Passagierschiffes »Armenija« am 7. November 1941 im Schwarzen Meer fort, bei der über 5 000 von der Krim evakuierte Verwundete und Flüchtlingen ums Leben kamen, – führte 1942/43 zur verlustreichen »Atlantikschlacht« vor der amerikanischen Ostküste, machte 1944/45 den Pazifik und Indischen Ozean zum Grab für zahllose japanische Soldaten und Zivilisten – und ließ noch 1945 tausende von deutschen Flüchtlingen in der Ostsee ertrinken. So fielen allein der Torpedierung des Dampfers »Wilhelm Gustloff« am 30. Januar durch das sowjetische U-Boot »S-13« annähernd 9 000 Menschen zum Opfer – überwiegend zivile Flüchtlinge aus Ostpreußen.

Dönitz war von Anfang aktiv daran beteiligt, die Auflagen und Einschränkungen des »Versailler Vertrags« für die deutschen Seestreitkräfte zu revidieren oder zu unterlaufen. Ursprünglich war den Deutschen der Besitz von U-Booten grundsätzlich untersagt, aber schon 1922 gelang es über ausländische Produktionsstätten, wie in Den Haag, inoffiziell neue U-Boot-Typen zu bauen und zu erproben. Und als das deutsch-britische Flottenabkommen von 1935 der Kriegsmarine erlaubte, maximal 72 U-Boote in Dienst zu stellen, bestand Dönitz auf einer maximalen Ausnutzung des Abkommens und setzte sich gegen die Auffassung durch, dass das U-Boot als Waffe überholt sei.

Bereits ein Jahr später, im November und Dezember 1936, kam es zu einem völkerrechtswidrigen Einsatz deutscher U-Boote im Spanischen Bürgerkrieg, bei dem das republikanische U-Boot »C-3« vor der Hafeneinfahrt von Malaga versenkt wurde. Dönitz unterstützte mit dieser (nach seiner Tochter benannten)

Picassos berühmtes Bild »Guernica« (1937) war und ist ein Protest gegen die »Entgrenzung« und Kontinuität der kriegerischen Gewalt.

»Operation Ursula« die Aktivitäten der deutschen »Legion Condor« für den Putschisten Franco. Es ging dabei nicht nur um internationale »faschistische Solidarität«, sondern generell darum, im Auftrag der Wehrmacht neue Waffen und Kriegstaktiken zu erproben. So wurde am 26. April 1937 die am Golf von Biscaya gelegene baskische Kleinstadt Gernika (Guernica) durch einen mehrstündigen Luftangriff der »Legion Condor«, an dem auch italienische Flugzeuge beteiligt waren, vollständig zerstört. Da es keine Luftabwehr und Bunker gab, waren die Bewohner schutzlos dem Hagel von Spreng- und Brandbomben ausgesetzt. Bei dem Angriff handelte es sich um ein gezieltes Massaker an der Zivilbevölkerung, dem 1 645 Menschen zum Opfer fielen. Guernica war zwar strategisch völlig unbedeutend, galt aber wegen der religiösen und demokratischen Tradition (als Stätte der Ratsversammlungen) seit dem Mittelalter als heilige Stadt der Basken.

Unter dem Eindruck dieses Massakers entschloss sich Pablo Picasso, sein Bildmotiv für den spanischen Pavillon auf der Pariser Weltausstellung zu ändern. Innerhalb von nur sechs Wochen entstand sein weltberühmtes, fast 30 Quadratmeter umfassendes Protest- und Trauergemälde »Guernica«. Picasso malte nicht den

Akt der Bombardierung, nicht die Täter, sondern die Opfer. In genialer Weise gelang es ihm, seine kubistische Flächenplanung mit religiöser Ikonografie zu verbinden. Im Bild ist ein Raum mit toten und verstümmelten Menschen dargestellt, mit einem Pferd in der Mitte und einem Stier auf der linken Seite. Eine am oberen Bildrand hängende Lampe strahlt kurze, scharfe Strahlen auf die liegenden Opfer. Im Vordergrund sieht man eine abgetrennte Hand, die eine Blume und ein abgebrochenes Schwert umfasst. Die über die Bildfläche verstreuten Schnittpunkte von scheinbar willkürlich angeordneten Linien werden zu Explosionszentren. Die Farben sind fast ausschließlich Schwarz, Grau und Weiß. Bis heute besitzt Picassos »Guernica« eine über den historischen Anlass hinausgehende Fanalwirkung. Von der Notwendigkeit eines solchen Fanals überzeugt, hatte der Maler im Dezember 1937 erklärt, »dass ein Künstler, der mit geistigen Werten lebt und umgeht, angesichts eines Konfliktes, in dem die höchsten Werte der Humanität und Zivilisation auf dem Spiel stehen, sich nicht gleichgültig verhalten kann.« Das war eine Warnung vor dem nationalistisch-kriegerischen Zeitalter und ein Einspruch gegen Ernst Jüngers Forderung nach »totaler Mobilmachung« und der geistigen Programmierung neuer, kaltblütiger »Gewaltmenschen«.

In vereinfachender Form haben Historiker von der Weltkriegsepoche als Zeitalter eines neuen »Dreißigjährigen Kriegs« gesprochen. Eine solche Formulierung verwischt allerdings die unterschiedlichen Emotionen zu Beginn der beiden Kriegsausbrüche: Von einer mit der von 1914 vergleichbaren Kriegsbegeisterung der Massen im Jahr 1939 kann nicht die Rede sein. Ganz anders war das Kontinuitätsbewusstsein der geistigen Eliten. Es waren nicht nur die für Kultur, »Volksaufklärung« und Propaganda zuständigen NS-Größen Alfred Rosenberg oder Joseph Goebbels, die die »geistige« Kriegsführung besser und straffer als im Ersten Weltkrieg organisieren wollten, sondern auch ambitionierte Hochschullehrer wie Paul Ritterbusch. Dem Kieler Professor für Verwaltungs- und Völkerrecht und Rechtsphilosophie gelang es in den 1940er-Jahren, zahlreiche Vertreter von zwölf geisteswissenschaftlichen Richtungen für einen gemeinsamen »Kriegseinsatz« zu mobilisieren, der später nach seinem Initiator als »Aktion Ritterbusch« bezeichnet wurde. Dabei sollte auch ein neues »interdisziplinäres« Verhältnis zu den Naturwissenschaften hergestellt werden. Während sich die Geisteswissenschaften als zuständig für die Entwicklung der Propagandalinie erklärten, sollten die Naturwissenschaften dafür die Mittel bereitstellen. Inhaltlich ging es um die Fortführung eines Weltanschauungskampfs vor allem zwischen Deutschland und England. Nicht der westliche Pluralismus, sondern »die innere, rassische Gemeinschaft und Einheit des deutschen Volkes« müsse das Vorbild für eine einheitliche Friedensordnung Europas sein. Dabei habe »die durch die nationalsozialistische Weltanschauung neu geborene« Philosophie, so Ritterbusch, die Aufgabe, den geschichtlichen Sinn des neuen Krieges zu offenbaren und zu einer »geschlossenen und bewusstseinsmäßigen Haltung und zu einer geistig klaren Verfassung des deutschen Volkes« beizutragen.

Zwar entwickelte sich im Nationalsozialismus keine einheitliche politische Philosophie, und es entstanden zu Beginn des Zweiten Weltkriegs auch kaum direkt mit 1914 vergleichbare »Ideen von 1939« (obwohl Heideggers Rektoratsrede vom Mai 1933 als Versuch einer entsprechenden Neuauflage betrachtet werden kann) – aber es gab doch ein unmittelbares Anknüpfen an die Ideen vom deutschen Sonderweg. So bemühte sich zum Beispiel der schon 1917 mit seiner rassistischen »deutschen Staatsidee« aufgefallene Pädagoge und Philosoph Ernst Krieck 1940 um die weitergehende, antisemitische Deutung einer »Weltidee des deutschen Volkes«, und der Tübinger Philosoph Theodor Haering forderte 1943 eine offensive Definition einer besonderen deutschen Herrschaftsidee: »Wenn der deutsche Geist nach diesem Krieg den anderen nichts Neues und Besseres zu bieten versteht, als die bisherigen Führer und Machthaber unter den Völkern, so würde der Sinn dieses Krieges, auch nach dem größten äußeren Siege, fragwürdig werden müssen. Besonders, wer in der letzten Zeit im Auslande war, hat es überall deutlich verspürt, dass man auch dort auf diese Frage eine Antwort heischt, weil man wirklich von Deutschland etwas Besonderes erwartet …«

Während die führenden Köpfe der »Aktion Ritterbusch« und des »Amtes Rosenberg« noch persönlich als Studenten und freiwillige Soldaten durch die »Ideen von 1914« beeinflusst worden waren, gab es nach 1939 aber auch zahlreiche geistige Initiativen von jüngeren, erst im Nationalsozialismus sozialisierten Wissenschaftlern. Etwa 500 Professoren der Geisteswissenschaften waren aktiv an der militanten Propaganda für eine »besondere« deutsche Herrschaftsidee beteiligt. Besonders leidenschaftlich setzte sich der junge Germanist Hans Ernst Schneider (der nach 1945 als Hans Werner Schwerte seine Karriere fortsetzen konnte) für einen »totalen Kriegseinsatz der Wissenschaft« ein und begriff die radikale Entgrenzung des Krieges vornehmlich als deutschen Kulturauftrag.

Mit dem kriegerischen Praxisbezug der Geisteswissenschaften, der schon im Ersten Weltkrieg entstanden war, verstärkte sich nach 1939 auch in der Germanistik eine wehrhafte Kulturterminologie. Das, was die Weimarer Germanistentagung im Juli 1940 im Hinblick auf »die Möglichkeit eines besonderen Kriegseinsatzes« nur vage umrissen hatte, konkretisierte Schneider am 7. Februar 1943 in Goebbels' kulturpolitischer Wochenzeitung *Das Reich* anschaulich unter dem Titel *Das Tragische und Stalingrad*. Vor dem Hintergrund der »Opferbereitschaft« Hunderttausender deutscher Soldaten wurde die Steigerung der Tragikfähigkeit des »nordischen Geistes« als akademische Aufgabe beschworen. Der »germanisch-deutsche Mythos« verlange, dass auch die Literaten und Literaturwissenschaftler ihre »ästhetische Sehnsucht« vergäßen und sich das »entschlossene Wissen und die Wirklichkeit und Ordnung unseres Blutes« aneigneten.

Hitlers Chefideologe Alfred Rosenberg hatte bereits 1930 in seinem *Mythus des XX. Jahrhunderts* erkannt, dass eine nationalsozialistische Ideologie ohne die Weihen Goethes nicht auskommen könne. Denn »im *Faust*« habe er »das Wesen von uns« dargestellt, »das Ewige, welches nach jedem Umguss unserer Seele in der neuen Form wohnt«. Schon die Hochstimmungen des Kaiserreichs hatten ein »ganzheitliches« Nacherleben von Goethes Person und seiner faustischen Idee ermöglicht. Selbst nach der Katastrophe des Weltkriegs sollte die »Wandlung vom Imperialismus zum Idealismus, von der Weltmacht zur geistigen Größe« (Friedrich Ebert) mit Goethe begründet werden.

Dennoch bedurfte es einer gewissen Mühe und Zeit, Goethe und sein widersprüchliches Werk auch für direkte NS-Propagandazwecke nutzbar zu machen. Hitlers innere Distanz gegenüber der Weimarer Klassik ist in den Tagebüchern Goebbels dokumentiert. In einer Notiz vom 1. Februar 1938 wird Hitler mit den Worten zitiert: »Schiller und Goethe lebten in einer kleinen Residenz und reagierten ihre großen Ideen in Pathos ab.« Allerdings war Hitler bereit, so die Gesprächserinnerungen von Hermann Rauschning, Goethe wegen des Faust-Wortes »Im Anfang war die Tat« »vieles nachzusehen«. 1939, Im Jahr des Kriegsbeginns, verkündete der »Zeitschriften-Dienst« des Goebbels-Ministeriums dann als offizielle Propaganda-Lesart, dass Goethe nicht ein »harmonisch lebender und schaffender Künstler« gewesen sei, sondern »im Gegenteil immer Kämpfer«.

Goethes Dichtung versprach den Deutschen in Zeiten existentieller Bedrängnis offenbar mehr Trost als andere Klassiker und so feierte auch der *militärische Faust* wieder Auferstehung. Besondere Bedeutung gewann die faustische Schicksalsgeste nach der »Entscheidungsschlacht« von Stalingrad. Theodor Plivier hat diese Katastrophenstimmung in seinem Roman *Stalingrad* festgehalten. Die Verzweifelten suchen Zuflucht im »Gesangbuch« und »durchblättern Goethes *Faust*«. Wie schon im Ersten Weltkrieg wurde der *Tornisterfaust* auch im Zweiten wieder zur deutschen Bibel erklärt und die Programmhefte der heimatlichen »Faust«-Aufführungen (allein 310 Inszenierungen in der Spielzeit

1942/43) machten für den Expansionskrieg mobil. Der Staatsschauspieler und Generalintendant Gustav Gründgens befand sich im Dauereinsatz, um an der Heimatfront zu verkünden, dass die »Idee des Darzustellenden« in diesen Tagen »die Idee des Soldatischen« sein müsse.

Auch in den besetzten Gebieten gehörte es zu den »erzieherischen Aufgaben« der SS-Organisation »Ahnenerbe«, mit Goethe für die deutsche Kultur zu werben. So meldeten die geheimen »Lageberichte des Sicherheitsdienstes« am 5. Juni 1941 aus Brüssel: »Als besonderes Theaterereignis wurde die Aufführung des ›Urfaust‹ in flämischer Sprache gewertet.« Solche Gastspiele seien »geeignet, das germanische Zusammengehörigkeitsgefühl der Flamen zu stärken«. In der letzten Kriegsphase musste Goethes Werk vor allem für Durchhalteparolen herhalten. Selbst Kriegsschiffe wurden als Fronttheater benutzt. Noch 1945 trug Will Quadflieg auf einem U-Boot im Ostseehafen Neustadt Marinesoldaten Szenen aus dem *Faust* vor. In seinen Erinnerungen (*Wir spielen immer*) heißt es dazu: »Vor ihnen Goethe zu lesen war (mehr als vor anderen) eine Probe aufs Absolute. Konnte Goethes Sprache sie erreichen?«

Auf dem deutschen Sonderweg der absoluten Weltanschauungsinterpretation ließen sich mit Goethe in allen Kriegs- und Friedenszeiten Karrieren begründen – in West und Ost. Das gilt in besonderem Maß auch für den Literaturhistoriker Hermann August Korff, der von 1914 bis 1957 in vier verschiedenen staatlichen Systemen und über das Pensionsalter hinaus lehrte und publizierte – ohne jemals Namen und Identität wechseln zu müssen: Im Kaiserreich, in der Weimarer Republik, im Nationalsozialismus und dann in der DDR. Bei Ausbruch des Ersten Weltkrieges, an dem Korff aktiv als Leutnant eines Husarenregiments teilnahm, war er Privatdozent an der Universität Frankfurt. Nach dem Krieg wurde er zum Professor ernannt und blieb dann über die Systembrüche hinweg von 1923 bis 1954 Inhaber des Germanistik-Lehrstuhls in Leipzig. So konnte er jahrzehntelang kontinuierlich seine Hauptidee entwickeln, dass nur der »Geist der Goethezeit« das Abendland retten könne. Der erste Band seines gleichnamigen, vierbändigen Lebenswerkes erschien 1923 und der letzte 1953. In den dreißiger Jahren, als deutsch-jüdische Emigranten die amerikanische Öffentlichkeit mit Nachrichten über die Terrorherrschaft der Nationalsozialisten aufschreckten, übernahm Korff als Gastprofessor in Harvard (1935) und Columbia (1938) bereitwillig die propagandistische Gegenrolle des regimetreuen Goethespezialisten und »offiziellen« deutschen Geistesrepräsentanten. Erst im August 1949 gestand er in Leipzig »mit der tiefsten Beschämung« ein, dass das »Vertrauen zum faustischen Menschen – im ganzen genommen – getrogen« habe, blieb aber bei seinem alten Bekenntnis: »Wir haben keine andere Wahl, denn als faustische Menschen zu leben und zu handeln! Es ist das Gesetz, nach dem wir angetreten und in dem Goethe auch seinen sterbenden Faust enden lässt.«

Auch der Staatsarchitekt und spätere Rüstungsministers Albert Speer stellte in seinen »Erinnerungen« einen autobiografischen Bezug zur Faust-Symbolik her. In Hitler habe er seinen »Mephisto« gefunden. Er schien ihm »nicht weniger einnehmend als der von Goethe«. Die »Effizienz« des Nationalsozialismus erklärt sich im Wesentlichen aus dem Zusammenwirken von »alten« und »neuen« Eliten. Bedeutungsvoller als die Funktion, die die konservativen und deutschnationalen Eliten für die »Machtergreifung« und praktische Kriegsvorbereitung hatten, war ihre geistige Führungsrolle. Diese Rolle bestand vor allem darin, antidemokratische und rassistische Geschichts- und Weltbilder salonfähig zu machen. In brutale Politik umgesetzt wurden sie meistens von einer »neuen« Elite.

Nach der Pogromnacht vom 9. November 1938 hatte der amerikanische Präsident Franklin D. Roosevelt es kaum zu glauben vermocht, »dass solche Dinge in einer Zivilisation des 20. Jahrhundert passieren könnten«. Obwohl die USA sich nach Ausbruch des Zweiten Weltkriegs – ähnlich wie nach 1914 – zunächst formal für »neutral« erklärten, unterstützten sie England von Anfang an mit Waffen und Krediten. Und als Churchill und Roosevelt im August 1941 in der »Atlantik-Charta« demonstrativ die gemeinsamen Grundwerte ihrer Länder betonten, war das auch die Eröffnung eines Kulturkampfes. Hitler antwortete darauf wenige Monate später (nach dem japanischen Überfall auf Pearl Harbour) mit seiner persönlichen Kriegserklärung an die »degenerierte« Führung der USA, die genauso »jüdisch zersetzt« sei wie der Bolschewismus. Auch in der Wahrnehmung der angelsächsischen Soldaten verlief die Front erneut zwischen westlicher Zivilisation und deutscher Kulturbarbarei. Wie schon nach der »Lusitania«-Katastrophe hieß der Dämon wieder »Malice in Kulturland«.

Angriffsziele hatten daher oft auch eine symbolische Bedeutung. Das galt auch für die Versenkung von Schiffen. So wurde zum Beispiel dem Rhein-Schaufelraddampfer »Goethe« offensichtlich noch kurz vor Kriegsende sein Name zum Verhängnis. Das seit 1913 für den kombinierten Personen- und Gütertransport eingesetzte Schiff diente seit September 1944 an seinem Liegeplatz in Oberwinter als Unterkunft für mehrere hundert Zwangsarbeiter, die am Westwall zur Aushebung von Schützengräben eingesetzt waren. Obwohl der Dampfer mit Tarnfarbe angestrichen und fast unsichtbar unterhalb einer hohen Stützmauer am linksrheinischen Hindenburg-Ufer verankert war, wurde er am Nachmittag des 3. März 1945 von amerikanischen Tieffliegern bewusst als Ziel ausgewählt. Zwei Bomben trafen das Hinterschiff und zerstörten es völlig. 20 russische Zwangsarbeiter und der Erste Maschinist wurden getötet und zahlreiche Menschen zum Teil schwer verletzt.

Symbolisch erschien auch die Zerstörung des Frankfurter Geburtshauses Goethes im März 1944. Ernst Beutler, der Direktor des Freien Deutschen Hochstifts und des Goethemuseums, beschrieb das Ende dieser Kultstätte als ein tragisches Flammenszenario. Das Feuer brach nach einem Bombenangriff am 22. März aus. Während der Museumstrakt sofort niederbrannte, hielt das Dichterhaus den Flammen hartnäckig stand. Am nächsten Morgen war zwar das Giebelzimmer verschwunden, doch es standen noch die Fensterreihen einschließlich des zweiten Stocks. Gegen Abend stürzte das Treppenhaus ein – aber erst am Vormittag des 24. März neigte sich das ganze Haus von Süden nach Norden und »brach dann prasselnd zusammen«.

War mit dem Ende des nationalsozialistischen Systems in einer katastrophalen Ruinenlandschaft nicht gleichzeitig auch der deutsche Begriff von klassischer Kultur und Bildung in Trümmer gefallen? Einige stellten solche Fragen. Die Nachweise der Kontinuität und Dominanz schrecklicher deutscher Karrieren in Politik, Militär und Kultur ließen zum Beispiel in der Debatte über Daniel Jonah Goldhagens Buch *Hitlers willige Vollstrecker* den Publizisten Frank Schirrmacher in banger Ahnung fragen: »Holocaust aus faustischem Streben?«

2014, als sich der Ausbruch des Ersten Weltkriegs zum 100. Mal jährte, gab es auch ein »Jubiläum« des Zweiten Weltkriegs: der hatte 75 Jahre zuvor begonnen. In den deutschen Medien interessierte man sich aber fast ausschließlich für den ersten Krieg, die Erinnerung an den zweiten wurde weitgehend ausgeblendet. Es schien so, als ob man die historischen Zusammenhänge nicht wahrhaben wollte. So avancierten auf den Bestsellerlisten Bücher, die sich vor allem um eine Revision in der Schuldfrage bemühen und Deutschland von der Hauptverantwortung für den Ersten Weltkrieg freisprechen. In ihrem Einwand gegen die Verharmlosung der Kriegstreiber als »Schlafwandler« betonten jedoch Historiker wie John C. G. Röhl oder Hans-Ulrich Wehler demonstrativ »den massiven deutschen Verursachungsanteil an der fatalen Konstellation, die zum Krieg führte« und verwiesen auf die »verschwiegenen Kontinuitätslinien bis 1945«.

Auch Heinrich August Winkler erinnert daran, dass »in keinem anderen Verfassungsstaat des alten Okzidents die politische Kultur derart vom Denken in militärischen Kategorien geprägt war, wie im wilhelminischen Deutschland«. Es habe »kriegsbedingte Demokratisierungsschübe 1914, und verstärkt auch 1918, in vielen europäischen Staaten gegeben – aber in kaum einem Land war der demokratische Neuanfang so vorbelastet wie in Deutschland«. Die Diskussion um die Julikrise von 1914 kranke daran, dass sie die Frage nach der Kontinuität zwischen den beiden Weltkriegen weitgehend ausblende. »Die Wirkung ist fatal: Die revisionistische Betrachtung des Kriegsausbruchs fördert die Neigung zu einem nationalapologetischen, also unkritischen Verständnis der deutschen Geschichte.«

Für den Hitler-Biografen Volker Ullrich ist durchsichtig, worauf »der teils schrille deutsche Jubel« über die »Schlafwandler«-Thesen letztlich zielt: »Es geht um eine geschichtspolitische Weichenstellung. Was den Konservativen im ›Historikerstreit‹ der achtziger Jahre noch misslang – nämlich die Deutungshoheit über die deutsche Geschichte zurückzugewinnen – das soll jetzt gelingen.« Bezeichnenderweise spielt die »Lusitania«-Katastrophe in der revisionistischen Diskussion keine Rolle, ihre symbolische und kulturhistorische Bedeutung wird negiert.

Aber immer noch gilt: In Kriege schliddert man nicht hinein – sie werden nicht zufällig von Technologien provoziert, sondern von Menschen organisiert und von Ideologien und kulturhistorischen Traditionen vorbereitet.

Obwohl auch gegenwärtig kriegerische Konflikte den Weltfrieden bedrohen, wiederholt sich die Geschichte nicht als Blaupause. Aber es ist wichtig zu erkennen, dass Krisen wie die auf dem Balkan, in der Ukraine, in Syrien oder im Irak nach wie vor auch Langzeitfolgen des Zusammenbruchs der alten Monarchien und Ordnungsmächte sind. Dabei prägen heute Religionen staatliche Identitäten mehr als früher der nationale Ansatz. In Europa sind die einstigen »Erbfeinde« inzwischen partnerschaftlich und sogar freundschaftlich verbunden. Die Repräsentanten und Ideologen der Europäischen Union erklären, dass sie die Nationalstaaten nicht beseitigen wollen, sondern einen politischen und ökonomischen Verbund anstreben, der auch in der Globalisierung als Friedensmacht Bestand haben werde. Aber Europa ist kein bloßer »Text« oder »Diskurs«, sondern ein historisches Ensemble harter sozialer und ökonomischer Fakten.

Das »normative Projekt« Europas und seine transatlantische Westorientierung, »die Quintessenz der Ideen der amerikanischen und französischen Revolution von 1776 und 1789«, so Heinrich August Winkler, »brauchte zwei Jahrhunderte, um sich innerhalb des Okzidents durchzusetzen«. Das Projekt »war klüger als sein Schöpfer« – seine Geschichte habe sich als »eine der permanenten Selbstkorrektur oder produktiven Selbstkritik« erwiesen – und sei als solche »bis heute nicht abgeschlossen.« Der ehemalige deutsche Außenminister Joschka Fischer betrachtet die Entwicklung skeptischer. Er fragt sich sorgenvoll, ob Europa an seinen »existenzbedrohenden Krisen« – der inneren »Souveränitätskrise« und der äußeren »strategischen Sicherheitskrise« – scheitern werde und warnt vor der Rückkehr der beiden alten Dämonen »Krieg und Hegemonie«. Dabei hält er die innere Krise der EU, verursacht durch die neue hegemoniale Rolle Deutschlands, für die gefährlichere. Diesmal gehe es »nicht um militärische oder politische Vorherrschaft«, sondern darum, ob Deutschland »als europäische Zentralmacht« seiner europäischen Berufung verpflichtet bleibe, das heißt, seine wirtschaftliche Stärke gemeinsam mit anderen Ländern zugunsten der europäischen Integration einsetze, oder ob es Europa nur noch als Rahmenbedingung für die Durchsetzung seiner eigenen Interessen ansehe. Statt die »Europäisierung Deutschlands« weiterzuverfolgen, so Fischer, gebe man sich gegenwärtig lieber »der Vorstellung eines deutschen Europas« hin.

Wenn das europäische Integrationsprojekt tatsächlich erneut an Deutschland scheitern sollte, wäre das nicht nur ein ökonomisches, sondern auch ein historisches, kulturelles und demokratisches Problem. Heute erscheint die Verwirklichung von Weltbürgerrechten und transnationaler Demokratie wichtiger als internationale Finanzspekulationen und militärisch-technologische Aufrüstungen. Deutschland muss endgültig auf einen Sonderweg verzichten und sich als stabile und solidarische Kraft im westlichen Wertesystem bewähren. Dann hat die geistige Elite Deutschlands die historische Chance, erstmals für eine positive Kontinuität zu wirken. Das neue Europa braucht für seine humanen Projekte und Entwürfe mehr denn je den freien und einklagenden Geist der kritischen Intellektuellen, der zu Politik und Gesellschaft gehört wie Mephisto zu Faust – und wie Zivilisation zur Kultur.

Dank

Ohne die solidarische Unterstützung von Renate Lohse-Jasper wäre das Buch nicht entstanden, ihr bin ich in erster Linie zu Dank verpflichtet. Für wichtige Diskussionsanregungen und Manuskripthinweise fühle ich mich in besonderer Weise Rüdiger Dammann und Axel Haase verbunden. Bei Kirsten Hoffmann und Jürgen Karwelat möchte ich mich für Recherchehilfe (Strandingmuseum St. George) und Übersetzungsarbeiten bedanken – ebenso für freundliche Unterstützung beim Bundesarchiv, Abteilung Militärarchiv, (Freiburg) und dem Zeitungsarchiv der Staatsbibliothek Berlin. Tom Plunkett und Michael Martin schulde ich Dank für Informationen, die das Verständnis kulturgeschichtlicher Besonderheiten der maritimen Katastrophenregion (Old Head of Kinsale) erleichtert haben. Und last not least ein Dankeschön an Ulrich Hopp und Robert Zagolla für das verlegerische Engagement.

Quellen und Literatur

Archive und Museen

Bundesarchiv, Abteilung Militärarchiv, Freiburg
Cobh Heritage Centre, Irland
Deutsches Historisches Museum Berlin
Imperial War Museum, London
Merseyside Maritime Museum, Liverpool
Staatsbibliothek Berlin, Digitale Sammlungen (Krieg 1914–1918)
Staatsbibliothek Berlin, Zeitungsarchiv
Strandingsmuseum St. George, Dänemark
The Lusitania Resource. History, Passengers, Crew, Biographies and Lusitania-Facts. Online-Archiv
U.S. National Archives & Records Administration (N.A.R.A), Maryland/College Park

Historische Dokumente

Admiralstab der Marine: *Kriegstagebuch U-20. Kapitän Schwieger. Vom 18.3.15 bis 31.8.15, Bd. 3* (Kriegsarchiv der Marine)

Buß, J.P: *Amerikanische Menschlichkeit im Lichte des diplomatischen Notenwechsels. Erste Veröffentlichung und Verarbeitung des gesamten deutsch-amerikanischen Notenwechsels* (Kriegspolitische Einzelschriften Heft 16), Berlin 1916

British and Foreign State Papers 1914–1917, Bd. CVII–CXI. London 1917–1921

Liebknecht, Karl: *Der Hauptfeind steht im eigenen Land!*, Flugblatt vom Mai 1915

Ludendorff, Erich von: *Urkunden der obersten Heeresleitung über ihre Tätigkeit 1916/18*, Berlin 1920

Niemeyer, Theodor/Strupp, Karl: *Die völkerrechtlichen Urkunden des Weltkrieges,* Berlin 1920

Steinuth, Hans: *Lusitania* (Vergleich der offiziellen deutschen und amerikanischen Stellungnahmen), Stuttgart 1915

Historische Zeitungen/Zeitschriften

Berichte über Flottenpolitik vor dem Ersten Weltkrieg:

Denglers Polytechnisches Journal 1856, Band 140, Nr. I (Cunard-Linie); *Hamburger Fremdenblatt,* 17.4.1912 (Titanic)

Berichte über »Lusitania«-Katastrophe von Mai bis Juli 1915:

Berliner Tageblatt, Chicago Tribune, Evening Sun (New York), Frankfurter Zeitung, Illustreret Tidende (Kopenhagen), *Minneapolis Journal, New Republic* (New York/Washington),The *New York Times, New York Herald, The Outlook* (New York), *Vossische Zeitung, Westfälische Tageszeitung*

Auslandsberichte über die Demonstration am 1. Mai 1916 in Berlin:

Berner Tagwacht, Daily Telegraph, L'Humanité, Nieuws van den Dag, La Domenica Illustrata

Bericht über die Strandung und Sprengung der U-20 vor der dänischen Küste im November 1916:

Holstebro Dagblad (Dänemark), 5. November 1916

Bericht über den Künstlerprotest in der Wallfahrtskirche Kevelaer:

Kölnische Zeitung, 28.7.1917; *World War One. Centennial Gallery. The Great War as interpretated in magazine writings 1914–1918* (Online-Präsentation von J. Fred MacDonald)

»Lusitania«-Literatur

Bailey, Thomas A./Ryan, Paul B.: *The Lusitania Disaster: An Episode in Modern Warfare and Diplomacy*, New York/London 1975

Ballard, Robert D./Dunmore, Spencer: *Das Geheimnis der Lusitania. Eine Schiffskatastrophe verändert die Welt*, München 1995/2000 (englische und amerikanische Originalausgabe »Exploring the Lusitania«, 1995)

Ders./Marshall, Ken: *Lost Liners – Von der Titanic zur Andrea Doria. Glanz und Untergang der großen Luxusliners*, München 2000 (englische Originalausgabe »Lost Liners«, 1997)

Ellis, Frederick: *The Tragedy of the Lusitania*, Philadelphia 1915 (Reprint London 2013)

Gentile, Gary: *The Lusitania Controversies*, 2 Bde., Philadelphia 1998/1999

Greenhill, Sam: *Secret oft he Lusitania. Arms find challenges Allied claims it was solely a passenger ship*, in: *Daily Mail* (London), 20.12.2008

Grothe, Solveig: *Der Untergang der »Lusitania« – Angriff auf einen Mythos*, in: *Spiegel-Online*,31.12.2008.

Hickey, Des/Smith, Gus: *Lusitania. Die Chronik der letzten Fahrt eines Ozeanriesen*, Bern/München 1983 (englische Originalausgabe »Seven Days to Disaster«, 1981)
Historicus Junior (= Henshel, Albert Edward): *The »Lusitania« Case*, New York 1915
Kellerhof, Sven Felix/Keil, Lars Broder: *Gerüchte machen Geschichte*, Berlin 2006
Kellerhof, Sven Felix: *Die »Lusitania« war kein erlaubtes Ziel*, in: *Die Welt*, 26.6.2004
O'Sullivan, Patrick: *Die Lusitania. Mythos und Wirklichkeit*, Berlin/Bonn 1999 (englisch-irische Originalausgabe »The Lusitania: Unravellling the Mysteries«, 1998)
Martin, Michael: *RMS Lusitania. It Wasn't & It Didn't*, Dublin 2014
Preston, Diana: *»Wurden torpediert, schickt Hilfe« Der Untergang der Lusitania 1915*, München 2004 (englische Originalausgabe »Wilful Murder«, 2002)
Ripplinger, Stefan: *Die Versenkung der »Lusitania«. Über den U-Boot-Krieg 1915, einen deutschen Massenmord und ein Orchesterstück von Charles Ives*, in: *Jungle World*, 6.5.2010
Sauder, Eric/Marschall, Ken: *R.M.S. »Lusitania«. Triumph of the Edwardian Age*, o. O. 1993
Simpson, Colin: *Die Lusitania. Amerikas Eintritt in den Ersten Weltkrieg*, Frankfurt am Main 1973/1987 (englische Originalausgabe »The Lusitania«, 1972)
The Lusitania Massacre – What should America do?, in: *The Outlook* (New York), 19.5.1915
Willing, Martin: *Lusitania-Skandal. Zensur in der Marienbasilika Kevelaer: 1918 Kriegsbilder übermalt*, in: *Blattus Martini. Kevelaer Enzyklopädie* (Online-Forum, gegründet 1994 von Martin Willing – seit 2014 fortgeführt von Delia Evers)
Zank, Wolfgang: *»Hier große Freude …«*, in: *Die Zeit*, 11.5.1990

Weiterführende Literatur

Allen, William: *Germany and Europe*, London 1914
Angelow, Jürgen: *Der Weg in die Urkatastrophe*, Berlin 2010
D'Annunzio, Gabriele: *Betrachtung des Todes* (Übersetzung von Gustav Schneeli), München 1919

Assheuer, Thomas: *»Krieg veredelt den Menschen«. Alles nur ein Spiel mit Worten? Thomas Manns berüchtigte »Betrachtungen eines Unpolitischen« in einer Neuausgabe*, in: *Die Zeit*, 4.3.2010

Aufrufe und Reden deutscher Professoren im Ersten Weltkrieg, hrsg. von Klaus Böhme, Stuttgart 1975 (2014)

Bajohr, Frank/Johe, Werner/Lohalm, Uwe (Hrsg.): *Zivilisation und Barbarei. Die widersprüchlichen Potentiale der Moderne*, Hamburg 1991

Ball, Hugo: *Die Flucht aus der Zeit.* (Tagebuch), München 1927/Neuauflage Zürich 1992

Barbusse, Henri: *Das Feuer. Tagebuch einer Korporalschaft (»Le Feu«)*, Zürich 1918 (Neuausgabe Hamburg 2007)

Becker, Jean-Jaques/Krumeich, Gerd: *Der große Krieg. Deutschland und Frankreich im Ersten Weltkrieg 1914–1918*, Essen 2010

Berghahn, Volker: *Europa im Zeitalter der Weltkriege. Die Entfesselung und Entgrenzung der Gewalt*, Frankfurt am Main 2002

Bergson, Henri: *La signification de la guerre*, Paris 1915

Beßlich, Barbara: *Wege in den Kulturkrieg. Zivilisationskrieg in Deutschland 1890–1914 (Diss.)*, Darmstadt 2000

Blumenberg, Hans: *Schiffbruch mit Zuschauer. Paradigma einer Daseinsmetapher*, Frankfurt am Main 1979

Bollenbeck, Georg: *Bildung und Kultur. Glanz und Elend eines deutschen Deutungsmusters*, Frankfurt am Main/Leipzig 1994.

Boutroux, Émile: *L'Allemagne et la Guerre*, Paris/Nancy 1915

Chesterton, Gilbert Keith: *The Barbarism of Berlin*, London/New York 1914

Churchill, Winston S.: *Weltkrisis, 3 Bde: 1914, 1915, 1916/18*, Leipzig 1926–1928

Clark, Christopher: *Die Schlafwandler. Wie Europa in den Ersten Weltkrieg zog*, München 2013

Cohen, Hermann: *Deutschtum und Judentum (1915)*, in: *Werke*, Bd. 16, Hildesheim 1978–97

Dickie, Iain u. a.: *Geschichte der Seekriege*, Stuttgart 2010

Erster Weltkrieg. Beiträge von Martin Bayer, Jason Crouthamel, Bernd Kleinhans, Gerd Krumeich, Annika Mombauer, Sönke Neitzel und Björn Opfer-Klinger, in: *Aus Politik und Zeitgeschichte (Beilage zur Wochenzeitung Das Parlament), 64. Jahrgang, 16–17/2014 (14.4.2014)*

Döblin, Alfred: *November 1918. Eine deutsche Revolution*, 4 Bde., München 1995

Doehring, Bruno: *Die Religion des Schlachtfeldes*, Berlin 1916

Döring, Jörg/Schütz, Erhard: *Benn als Reporter: »Wie Miß Cavell erschossen wurde«*, Siegen 2007

Dunk, Hermann W. von: *Kulturgeschichte des 20. Jahrhunderts*, 2 Bde., München 2004

Eksteins, Modris: *Tanz über Gräben. Die Geburt der Moderne und der Erste Weltkrieg*, Reinbek 1990

Elias, Norbert: Über den Prozess der Zivilisation, 2 Bde., Frankfurt am Main 1997

Enzensberger, Hans Magnus: *Der Untergang der Titanic. Eine Komödie*, Frankfurt am Main1978

Esposito, Fernando: *Mythische Moderne*, Oldenburg 2011

Fischer, Fritz: *Griff nach der Weltmacht. Die Kriegszielpolitik des kaiserlichen Deutschland 1914/18*, Düsseldorf 1961

Ders.: *Bündnis der Eliten. Zur Kontinuität der Machtstrukturen in Deutschland 1871–1945*, Düsseldorf 1985

Fischer, Joschka: *Scheitert Europa?*, Köln 2014

Fisher, Admiral Lord John: *Memories*, London 1915

Flasch, Kurt: *Die geistige Mobilmachung. Die deutschen Intellektuellen und der Erste Weltkrieg. Ein Versuch*, Berlin 2000

Forstner, Georg Günter von: *Als U-Boots-Kommandant nach England*, Berlin 1916

Fossgreen, Anke: *Auf der Titanic wurde gesungen, auf der Lusitania gekämpft*, in: *Tages-Anzeiger (Zürich)*, 5.3.2010

Frank, Leonhard: *Der Mensch ist gut*, Zürich 1917

Freud, Sigmund: *Studienausgabe*, Bd. 1–10 u. Ergänzungsband, hrsg. von Alexander Mitscherlich, Angela Richards und James Strachey, Frankfurt am Main1969–1975

Frost, Wesley: *German Submarine Warfare*, London 1918

Geiss, Imanuel: *Das deutsche Reich und der Erste Weltkrieg*, München/Zürich 1985

Glaser, Hermann: *Kleine Kulturgeschichte Deutschlands im 20. Jahrhundert*, München 2002

Goldhagen, Daniel Jonah: *Hitlers willige Vollstrecker. Ganz gewöhnliche Deutsche und der Holocaust*, Berlin 1996

Gut, Philipp: *Thomas Manns Idee einer Deutschen Kultur*, Frankfurt am Main 2008

Haering, Theodor: *Die deutsche und die europäische Philosophie. Über die Grundlagen und die Art ihrer Beziehung*, Stuttgart/Berlin 1943

Hansen, Erik Fosnes: *Choral am Ende der Reise*, Frankfurt am Main 1997

Hirschfeld, Gerhard: *Erster Weltkrieg–Zweiter Weltkrieg: Kriegserfahrungen in Deutschland. Neuere Ansätze und Überlegungen zu einem diachronen Vergleich*, in: *Zeitgeschichte-online. Thema: Fronterlebnis und Nachkriegsordnung. Wirkung und Wahrnehmung des Ersten Weltkriegs*, Mai 2004

Ders./Krumeich, Gerd/Renz, Irina: *»Keiner fühlt sich hier mehr als Mensch …«. Erlebnis und Wirkung des Ersten Weltkriegs*, Essen 1993

Hoeres, Peter: *Der Krieg der Philosophen. Die deutsche und britische Philosophie im Ersten Weltkrieg*, Paderborn 2004

Horne, John/Kramer, Alan: *Deutsche Kriegsgräuel 1914. Die umstrittene Wahrheit*, Hamburg 2004

Howard, Michael: *Der Krieg in der europäischen Geschichte. Vom Mittelalter bis zu den neuen Kriegen der Gegenwart*, München 2010

Huck, Stephan (Hrsg.): *100 Jahre U-Boote in deutschen Marinen. Ereignisse – Technik – Mentalitäten – Rezeption*, Bochum 2011

Huntington, Samuel: *The Clash of Civilisations. Der Kampf der Kulturen*, München/Wien 1996

Jasper, Willi: *Der Bruder. Heinrich Mann – Eine Biografie*, München 1992

Ders.: *Faust und die Deutschen*, Berlin 1998

Ders.: *Zauberberg Riva*, Berlin 2011

Jünger, Ernst: *Die totale Mobilmachung*, Berlin 1931

Keegan, John: *Der Erste Weltkrieg. Eine europäische Tragödie*, Reinbek 2000

Kennan, George, F.: *The Decline of Bismarck's European Order. Franco-Russian Relations 1875–1890*, Princeton 1979

Kinau, Jacob: *Der Kampf um die Seeherrschaft von der Hanse bis zum Weltkrieg*, München/Berlin 1938

Kjellén, Rudolf: *Die Ideen von 1914. Eine weltgeschichtliche Perspektive*, Leipzig 1915

Koenen, Gerd: *Unheilige Allianz. Rußland und Deutschland. Eine 400jährige Faszination in Freundschaft und Feindschaft*, Frankfurt am Main 1990

Koldau, Linda Maria: *Titanic. Das Schiff, der Untergang, die Legenden*, München 2012

Kramer, Alan: *Dynamic of Destruction. Culture and Mass Killing in the First World War*, Oxford 2007

Kraus, Karl: *Die letzten Tage der Menschheit. Tragödie in fünf Akten mit Vorspiel und Epilog*, Wien 1919 (Reprint Frankfurt am Main o. J.)

Krockow, Christian Graf von: *Die Deutschen in ihrem Jahrhundert 1890–1990*, Reinbek 1990

Kroll, Frank-Lothar: *Geburt der Moderne. Politik, Gesellschaft und Kultur vor dem Ersten Weltkrieg*, Berlin 2013
Leonhard, Jörn: *Die Büchse der Pandora*, München 2014
Leppmann, Wolfgang: *Goethe und die Deutschen. Der Nachruhm eines Dichters im Wandel der Zeit und der Weltanschauungen. Ein Spiegelbild deutscher Kultur und Bildung*, Bern/München 1982
Liebknecht, Karl: *Gesammelte Reden und Schriften*, Bd. VIII (August 1914 bis April 1916) u. Bd. IX (Mai 1916 bis Januar 1919), Berlin 1971/1974
Ludendorff, Erich von: *Der totale Krieg*, München 1935
Ders.: *Meine Kriegserinnerungen 1914–1918*, Berlin 1919
Mann, Golo: *Deutsche Geschichte des 19. und 20. Jahrhunderts*, Frankfurt 1958 (Neuausgabe 2009)
Ders.: *Der Geist Amerikas*, Stuttgart 1954
Mann, Heinrich: *Aufzeichnungen über den Ersten Weltkrieg*, Notizbuch 1916
Ders.: *Studienausgabe in Einzelbänden*, hrsg. von Peter-Paul Schneider, Frankfurt am Main1987ff.
Mann, Thomas: *Große kommentierte Frankfurter Ausgabe. Werke, Briefe, Tagebücher*, Frankfurt am Main 2002 ff.
Ders.: *Aufsätze, Reden, Essays, Bd. 2 (1914–1918)*, Berlin/Weimar 1983
Ders.: *Betrachtungen eines Unpolitischen* (korrigierte Fassung), Berlin 1922
Ders.: *Briefe. Bd. 1 (1889–1936)*. Hrsg. von Erika Mann. Frankfurt am Main1979
Ders./Mann, Heinrich: *Briefwechsel 1900–1949*, hrsg. von Hans Wysling, Frankfurt am Main 1959
Marc, Franz: *Briefe aus dem Felde*, hrsg. von Klaus Lankheit, München 1982
Marder, Arthur J.: *From the Dreadnought to Scapa Flow. The Royal Navy in the Fisher era 1904–1919*, 5 Bde., London 1961–1970
Meinecke, Friedrich: *Die deutsche Katastrophe, Betrachtungen und Erinnerungen*, Wiesbaden 1947
Mesenhöller, Mathias: *Schlacht um England. Als Spaniens Armada in die Katastrophe segelte*, in: *Spiegel-Online*, 17.8.2008
Meyer, Henry Cord: *Mitteleuropa in German Thoughts and Action 1815–1945*, The Hague 1955
Moeller van den Bruck, Arthur: *Das Dritte Reich*, Berlin 1923
Mommsen, Wolfgang J.: *War der Kaiser an allem schuld? Wilhelm II. und die preußisch-deutschen Machteliten*, München 2002
Münkler, Herfried: *Der große Krieg. Die Welt 1914–1918*, Reinbek 2013

Mühsam, Erich: *Tagebücher, Bd. 4 (1915)*, hrsg. von Chris Hirte/Conrad Piens, Berlin 2013

Ders.: *Das seid ihr Hunde wert! Ein Lesebuch*, hrsg. von Markus Liske und Manja Präkels, Berlin 2014

Neitzel, Sönke: *Weltkrieg und Revolution 1914–1918/19*, Berlin 2008

Niemöller, Martin: *Vom U-Boot zur Kanzel*, Berlin 1934

Nietzsche, Friedrich: *Unzeitgemäße Betrachtungen*. Mit einem Nachwort von Ralph-Rainer Wuthenow, Frankfurt am Main 1981

Orlan, Pierre Mac/Bofa, Gus (Illustrator): *U-713 oder die Unglücksritter*, Berlin 2014 (französische Originalfassung 1917)

Pemsel, Helmut: *Seeherrschaft, Bd. 2: Eine maritime Weltgeschichte von der Dampfschiffahrt bis zur Gegenwart*, Augsburg 1995

Piper, Ernst: *Nacht über Europa. Kulturgeschichte des Ersten Weltkriegs*, Berlin 2013

Plenge, Johann: *1789 und 1914. Die symbolischen Jahre in der Geschichte des politischen Geistes*, Berlin 1916

Reemtsma, Jan Philipp: *Die Idee des Vernichtungskrieges. Clausewitz–Ludendorff–Hitler*, in: *Vernichtungskrieg, Verbrechen der Wehrmacht 1941–1944*, hrsg. von Hannes Heer/Klaus Naumann, Hamburg 1995

Ritter, Gerhard: *Staatskunst und Kriegshandwerk. Das Problem des »Militarismus« in Deutschland*, 4 Bde., München 1954–1968

Riezler, Kurt: *Tagebücher, Aufsätze und Dokumente*, hrsg. von Karl-Dietrich Erdmann, Göttingen 1972

Ritterbusch, Paul: *Demokratie und Diktatur. Über Wesen und Wirklichkeit des westeuropäischen Parteienstaates*, Berlin/Wien 1939

Ders.: *Hochschule und Wissenschaft im Kriege*, in: *Kieler Blätter* (1940), S.1–15.

Röhl, John C. G.: *Deutschlands »erhebliche Verantwortung« für 1914*, in: *Die Welt*, 21.10.2011

Ders.: *Wie Deutschland 1914 den Krieg plante*, in: *Süddeutsche Zeitung*, 5.3.2014

Rösler, Ute: *Die Titanic und die Deutschen. Mediale Repräsentation und gesellschaftliche Wirkung eines Mythos*, Bielefeld 2013.

Rolland, Romain: (Deutsche) *Gesamtausgabe*, 3 Bde., Berlin 1951

Ders.: *Das Gewissen Europas. Tagebuch der Kriegsjahre 1914–1919*, 3 Bde. Berlin 1983

Ders./Zweig, Stefan: *Von Welt zu Welt. Briefe einer Freundschaft*, Berlin 2014

Rostron, Sir Arthur Henry: *Home from the Sea*, London 1931

Rothacker, Erich: *Die Kriegswichtigkeit der Philosophie*, Bonn 1944

Rudloff, Holger: *Ocean Steamships, Hansa, Titanic: die drei Ozeandampfer in Thomas Manns Roman ›Der Zauberberg‹*, in: *Thomas Mann-Jahrbuch* 2005
Scheer, Reinhold: *Deutschlands Hochseeflotte im Weltkrieg. Persönliche Erinnerungen 1915–1945*, Berlin o. J.
Scheler, Max: *Der Genius der des Kriegs und der Deutsche Krieg*, Leipzig 1915
Schivelbusch, Wolfgang: *Die Bibliothek von Löwen*, München/Wien 1988
Scholz, Rüdiger: *Die beschädigte Seele des großen Mannes. Goethes Faust*, Würzburg 2011 (überarbeitete Neuauflage)
Schröder, Joachim: *Die U-Boote des Kaisers. Die Geschichte des deutschen U-Boot-Krieges gegen Großbritannien im Ersten Weltkrieg*, Berlin 2003
Schubert, Dietrich: *Künstler im Trommelfeuer des Krieges 1914–18*, Heidelberg 2013
See, Klaus von: *Barbar, Germane, Arier. Die Suche nach der Identität der Deutschen*, Heidelberg 1994
Sombart, Werner: *Händler und Helden*, München/Leipzig 1915
Sprachen des Futurismus. Literatur, Malerei, Skulptur, Musik, Theater, Fotografie, Katalog der Ausstellung im Martin-Gropius-Bau Berlin, Berlin 2009
Straub, Eberhard: *Albert Ballin. Der Reeder des Kaisers*, Berlin 2011
Thoß, Bruno/Volkmann, Hans-Erich (Hrsg.): *Erster Weltkrieg–Zweiter Weltkrieg. Krieg, Kriegserlebnis, Kriegserfahrung in Deutschland 1914–1945*, Paderborn 2002
Tirpitz, Alfred von: *Erinnerungen*, Leipzig 1919
Troeltsch, Ernst: *Glaube und Sitte in unserem großen Kriege*, Berlin 1914
Ders.: *Der Kulturkrieg*, Berlin 1916
Tucholsky, Kurt: *Gesamtausgabe. Texte und Briefe*, 22 Bde., Reinbek 1996ff.
Ders.: *Fromme Gesänge* (von Theobald Tiger mit einer Vorrede von Ignaz Wrobel), Charlottenburg 1919 (Neuausgabe Berlin 1975)
Ullrich, Volker: *Die nervöse Großmacht 1871–1918. Aufstieg und Untergang des deutschen Kaiserreichs*, Frankfurt am Main 1997
Ders.: *Adolf Hitler. Die Jahre des Aufstiegs. Biographie*, Frankfurt am Main 2013
Ders.: *Nun schliddern sie wieder*, in: *DIE ZEIT*, 24.1.2014
Valentiner, Max: *300.000 Tonnen versenkt! Meine U-Bootsfahren*, Berlin/Wien 1917
Ders.: *U 38-Wikingerfahrten eines deutschen U-Bootes*, Berlin 1934 (Neuauflage: *Todesgefahr über uns. U 38 im Einsatz*, Berlin 2002)

Wegner, Bernd: *Hitlers politische Soldaten. Die Waffen-SS 1933–1945. Studien zu Leitbild, Struktur und Funktion einer nationalsozialistischen Elite*, Paderborn 1982

Wehler, Hans-Ulrich: *Das Deutsche Kaiserreich 1871–1918 (Deutsche Geschichte Band 9)*, Göttingen 1977

Wiborg, Susanne: *Deutschlands »Titanic«. Eine Erinnerung an den »Imperator«, das deutsche »Überschiff«, und die Zeit, als Luxusliner nationale Triumphe waren*, in: *DIE ZEIT*, 8.4.1999

Willamowitz-Moellendorff, Ullrich von: *Reden aus der Kriegszeit*, Berlin 1915

Willing, Martin: *Stummel, Friedrich. Kevelaers bedeutender Künstler (1850–1919)*, in: *Blattus Martini. Kevelaer Enzyklopädie*, http://www.blattus.de/kaz/texte/s_kaz/stummel-friedrich.html

Winkler, Heinrich August: *Geschichte des Westens. Bd. 2: Die Zeit der Weltkriege 1914–1945*, München 2011

Ders.: *1914 und 1939. Die Kontinuität der Kriegspartei*, in: *FAZ*, 25.8.2014

Ders.: *Was nicht zerbricht*, in: *DIE ZEIT*, 1.10.2014

Wolff, Theodor: *Tagebücher 1914–1919*, hrsg. und eingel. von Bernd Sösemann, 2 Bde., Boppard 1984

Wolz, Nicolas: *»Und wir verrosten in den Häfen«. Deutschland, Großbritannien und der Krieg zur See 1914–1918*, München 2013

Wundt, Wilhelm: *England und der Krieg*, in: *Internationale Monatsschrift für Wissenschaft, Kunst und Technik* 9 (1914/15), S. 121–128

Wyatt, Horace: *Malice in Kulturland*, London 1914

Zweig, Stefan: *Die Welt von Gestern. Erinnerungen eines Europäers*, Frankfurt am Main 1970 (Erstausgabe Stockholm 1942)

Abbildungsnachweis

Bundesarchiv 39 (Bild 183-R35451), 53 (Bild 134-C1831), 75 (Bild 102-03343A), 137 (Bild 146-2013-0086), 153 links (Bild 183-R72153), 153 rechts (Bild 183-R98911)
Deutsche Nationalbibliothek 49
Library of Congress 17, 19, 29, 35
mauritius images 79, 121, Umschlagabbildung
Museo Nacional Centro de Arte Reina Sofía 179
Verlagsarchiv 11, 33, 36, 51, 59, 65, 87, 88, 95, 96, 99, 105, 113, 123, 125, 126, 127, 129, 135, 145, 149, 161, 167, 169
Wikimedia Commons 6 (tiarescott), 21, 43, 57, 91, 143

Editorische Notiz

Die Rechtschreibung der im Text wiedergegebenen Zitate wurde behutsam der aktuellen amtlichen Rechtschreibung angepasst.

Personenregister